Avignon
1883

Gerdil, Giacento SIgismondo - cardinal

Caractères de la vraie religion

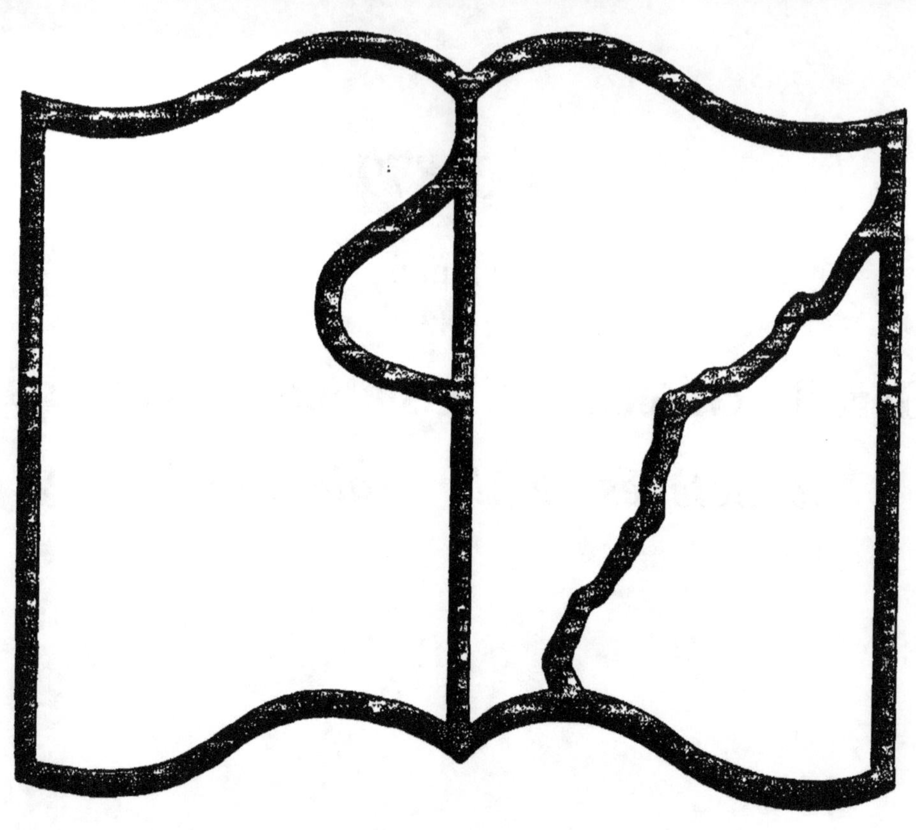

**Symbole applicable
pour tout, ou partie
des documents microfilmés**

Texte détérioré — reliure défectueuse

NF Z 43-120-11

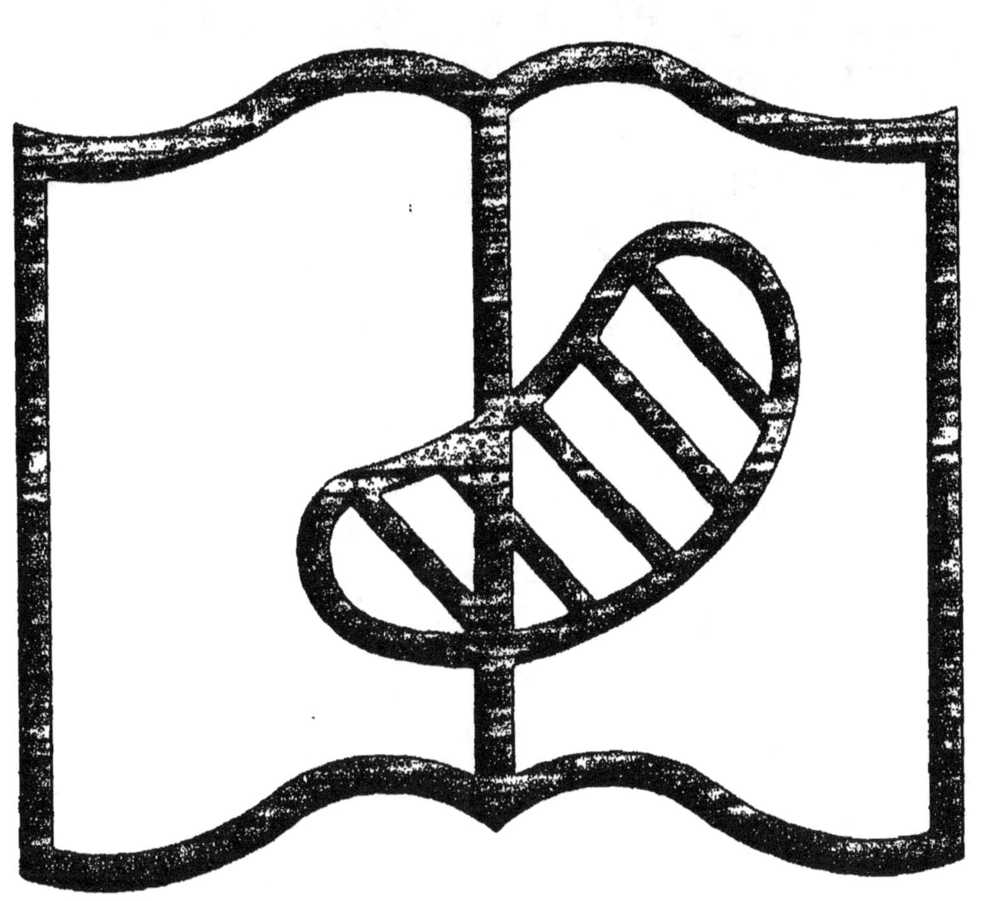

Symbole applicable
pour tout, ou partie
des documents microfilmés

Original illisible

NF Z 43-120-10

CARACTÈRES

DE LA

VRAIE RELIGION,

PAR LE CARDINAL

H. S. GERDIL.

AVIGNON,

SEGUIN AÎNÉ, IMPRIMEUR-LIBRAIRE.

Rue Bouquerie, n. 6?

1833.

TABLE

DES CHAPITRES.

CARACTÈRES
DE LA
VRAIE RELIGION.

DE L'ORIGINE ET DES PROGRÈS DE LA RELIGION
DEPUIS LA CRÉATION DU MONDE.

*Création de l'homme dans l'état d'innocence,
et sa chute. Réparation du genre humain, en
vertu d'un Libérateur, qui est promis.*

DIEU créa l'homme dans l'état d'innocence,
d'où étant tombé par sa désobéissance,
l'homme encourut la disgrâce de Dieu, et y
enveloppa avec lui toute sa postérité.

Cependant Dieu, dont la miséricorde est infinie, ne voulant pas abandonner le genre humain dans cet état de perdition, résolut et promit de donner aux hommes un Rédempteur,
par la médiation duquel ils pussent rentrer en
grâce avec lui, et recouvrer le droit à la vie
éternelle qu'ils avaient perdu.

*Les iniquités des hommes punies par le déluge.
Noé préservé.*

Depuis le péché d'Adam, à mesure que les
hommes se multiplièrent sur la terre, leurs iniquités se multiplièrent aussi : néanmoins la con-

naissance de Dieu et la foi au Rédempteur qu'il avait promis, se conservèrent dans quelques justes, qui se succédèrent jusqu'au Patriarche Noé, que Dieu sauva, dans l'Arche, du déluge universel par lequel il submergea la terre, qui se trouvait toute souillée des méchancetés des hommes.

Sem, fils aîné de Noé, et les Patriarches qui en furent les descendans, conservèrent la même foi pendant que l'idolâtrie se répandait de plus en plus, dans le monde avec ses abominations. Pour sauver son culte de l'oubli général où il allait tomber, Dieu jugea à propos de se choisir une famille où se perpétuât successivement, comme par droit d'hérédité, le souvenir du Créateur et de ses œuvres, avec la foi et l'espérance au Rédempteur futur.

Vocation d'Abraham. Alliance de Dieu avec lui.

C'est ce qu'il fit par la vocation d'Abraham, qu'il appela de la Chaldée pour aller habiter dans la terre de Chanaan. Il fit alliance avec lui pour le combler de ses bienfaits, de ses grâces, et lui déclara qu'il voulait être son Dieu, son Protecteur et sa récompense infiniment grande.

Promesse que Dieu fit à Abraham.

Il lui promit particulièrement trois choses : qu'il donnerait à sa postérité le pays où il l'avait fait venir, qui fut appelé pour cela Terre de Promission (1) : qu'il le ferait devenir le Père d'un grand Peuple, en multipliant ses descendans en

(1) Gen. c. 12, 15, 16, 17, 18, 22.

aussi grand nombre que celui des étoiles du ciel , et des grains de sable qui sont au bord de la mer ; et que toutes les nations de la terre , après avoir été long-temps enveloppées dans les ténèbres de l'idolâtrie , seraient bénies et rappelées à la connaissance de Dieu en un homme qui naîtrait de lui.

Alliance de Dieu renouvelée avec Isaac et Jacob.

Dieu renouvela cette alliance avec Isaac , fils d'Abraham , et avec Jacob , fils d'Isaac (1) , et conséquemment il se plut à être particulièrement appelé le Dieu d'Abraham , le Dieu d'Isaac , et le Dieu de Jacob (2).

Jacob eut douze fils , que l'on appelle les douze Patriarches , qui furent Pères des douze Tribus d'Israël. Appelé en Egypte par son fils Joseph , il y vint , et s'y établit avec sa famille.

Prédiction de Jacob.

Ce saint Patriarche , avant que de mourir , bénit ses enfans , et prophétisa que le sceptre , c'est-à-dire l'autorité royale , ne sortirait point de Juda (3) , jusques à ce que vînt celui que Dieu avait résolu d'envoyer pour être le salut des nations et l'objet de leur attente.

Le nombre des Israélites s'accrut extraordinairement en Egypte , au point que les Egyptiens qui en devinrent jaloux , résolurent de les exterminer , en les accablant du poids du plus dur esclavage.

(1) Gen. c. 16, 18.
(2) Exod. 3, 6.
(3) Gen. 49.

Pendant ce temps-là, les iniquités des Cananéens augmentant toujours et se trouvant presque à leur comble, Dieu, qui en avait promis la terre aux Israélites, leur suscita un Libérateur en la personne de Moïse (1), pour les tirer de l'Egypte ; comme il fit en employant la force des prodiges les plus éclatans. Après avoir célébré la Pâques, et passé à pied sec au milieu de la mer Rouge, dont les eaux se partagèrent pour leur ouvrir un chemin, ils entrèrent dans le désert où ils demeurèrent quarante ans.

La Loi que Dieu donna sur le mont Sinaï.

Là, Moïse reçut sur le mont Sinaï les préceptes du Décalogue écrits de la main de Dieu (2) même sur des tables de pierre, et par son ordre institua les cérémonies de la Religion, la succession du sacerdoce dans la famille d'Aaron son frère, les lois et la forme du gouvernement. Moïse annonça au peuple pour le temps à venir un Prophète que Dieu devait susciter de sa nation, et au milieu de sa nation, comme il l'avait suscité lui-même, et il enjoignit de l'écouter en tout (3).

Josué introduit les Israélites dans la terre promise. Succession des Juges.

A Moïse succéda Josué, qui, après avoir passé le Jourdain à pieds secs, introduisit les Israélites dans la terre promise, et la partagea

(1) Exod. c. 12, 14.
(2) Exod. 19, 20 et seq.
(3) Deut. 18.

entre les Tribus (1). La succession du sacerdoce continua, et à l'égard du gouvernement, Dieu suscita des Juges l'un après l'autre selon le besoin ; et ce qui est bien remarquable, c'est que selon les promesses et les menaces que Moïse avait faites, la fidélité à observer la loi fut toujours accompagnée d'une prospérité constante, et que les transgressions en furent punies par des châtimens éclatans : Dieu voulant donner à son peuple une preuve visible de sa Providence, toujours attentive à récompenser la vertu et à punir le péché.

Le royaume donné et assuré à la famille de David.

Le dernier des Juges fut Samuel. Ce fut sous lui que les Israélites demandèrent des Rois pour les gouverner. Après Saül Dieu choisit David, fils de Jessé, de la tribu de Juda, qu'il avait formé selon son cœur. Il voulut, non-seulement assurer le royaume à sa famille, mais encore faire naître de sa race le Messie promis aux Patriarches. Ce Roi, qui fut en même temps Prophète, éclairé des lumières de l'Esprit-Saint, a prédit dans ses Psaumes les humiliations et les grandeurs de ce Fils à jamais béni (2) : et il découvrit que toutes les nations seraient bénies en lui, selon la promesse faite à Abraham ; que les Rois l'adoreraient, et que la Majesté du Dieu d'Israël remplirait toute la terre.

(1) Deut. 31.
(2) Ps. 71, 11.

Salomon bâtit le Temple.

Il fut réservé à Salomon, fils de David, qui régna en paix, d'avoir la gloire d'élever dans Jérusalem un temple d'une magnificence extra-ordinaire, et le seul lieu où Dieu fût honoré par un culte public.

Division des royaumes de Juda et d'Israël.

Les dix tribus se séparèrent sous son fils Roboam. Celui-ci et tous ses descendans issus de David comme lui, continuèrent à régner successivement sur les deux tribus de Juda et de Benjamin. Les autres formèrent le royaume appelé d'Israël et de Samarie.

Les Prophètes.

Il parut en ce temps plusieurs Prophètes, entr'autre Isaïe, qui prophétisa du temps d'Achaz, et d'Ezéchias, Rois de Juda (1) : il prédit aussi les humiliations et les grandeurs du rejeton béni de la race de Jessé, ou de David, dont les plaies devaient opérer notre guérison à tous, et que Dieu avait destiné à faire connaître son saint nom aux nations les plus éloignées et dans la postérité la plus reculée.

Dispersion d'Israël. Captivité de Babylone.

Les prévarications du royaume d'Israël irritèrent la colère de Dieu qui le livra en proie à Salmanasar, Roi des Assyriens. Les dix tribus

(1) Is. 11, 42, 43, 5 , 55, 60, 66.

furent transportées à Ninive , et dispersées
sans espérance d'être jamais réunies. Cependant le royaume de Juda se soutenait , et
selon l'oracle de Jacob , devait subsister en
corps de nation jusqu'à la venue du Messie.
Ce royaume n'était pas exempt de corruption;
il s'y commettait les plus grandes iniquités. En
vain Dieu fit annoncer par son Prophète Jérémie (1), qu'il était prêt à les châtier; le peuple
ne voulut pas profiter de ses avis pour apaiser
le Seigneur par la pénitence, et Nabuchodonosor vint , selon la prédiction du Prophète,
prit et détruisit Jérusalem , brûla le temple et
le sanctuaire, et emmena à Babylone , capitale de son empire , tout ce qu'il y avait de
mieux parmi le peuple. Cette transmigration
fut pour les Juifs un jugement de la justice de
Dieu pour les punir , et non pour les exterminer. Dieu même protesta qu'il ne voulait que
châtier son peuple , mais qu'il ne voulait pas
le détruire. Jérémie prédit que la transmigration durerait soixante et dix ans , après lesquelles Dieu visiterait son peuple , et le ramènerait dans la terre de ses Pères. En même
temps ce Prophète annonça que la ville de Babylone éprouverait les terribles effets de la
vengeance divine , après que Dieu s'en serait
servi pour châtier son peuple ; que cette ville
superbe serait traitée comme l'avait été Sodome
et Gomorrhe (2) ; qu'elle serait réduite en un
triste désert , à servir uniquement de retraite

(1) Jérem. 21 , 25 , 26.
(2) Jerem. 50 , 11 , 14. 13.

aux serpens ; et qu'un temps viendrait qu'on
n'en trouverait aucun vestige.

Délivrance des Juifs. Babylone prise et ruinée.

Toutes ces prophéties furent accomplies. Les
soixante et dix années de la captivité étant pas-
sées , Dieu suscita Cyrus, Roi de Perse, qu'il
avait déjà fait annoncer d'avance par le Prophète Isaïe , comme celui qu'il avait choisi
pour être le ministre et l'exécuteur de ses décrets (1). Cyrus prit Babylone dans le temps que
Baltassar, qui en était Roi, profanait dans un
festin sacrilége les vases du temple de Jérusalem (2). Babylone fut tout d'un coup entièrement déchue du haut degré de puissance et
de gloire où elle était élevée, et par la suite
des temps s'est trouvée tellement anéantie,
que depuis plusieurs siècles on ne sait pas
même où elle a existé.

Retour des Juifs. Le Temple rebâti.

Babylone prise , Cyrus délivra les Juifs , et
les renvoya honorablement dans leur pays sous
la conduite de Zorobabel , Prince de la race de
David , et de Jésus, fils de Josedec , grand Prêtre , avec un plein pouvoir de rebâtir le temple.
Ils mirent la main à l'œuvre, et comme les plus
anciens de la nation (3) déploraient , sans
pouvoir se consoler , de voir le second temple
si inférieur au premier en magnificence ; Dieu

(1) Is. 44, 45.
(2) Dan. 5.
(3) 1 Esdr. 3, v. 12.

les rassura par la prophétie d'Aggée (1) , qui prédit que la gloire du second temple surpasserait de beaucoup celle du premier , lorsque le désiré des Nations y serait venu.

Rétablissement des murs de Jérusalem. Les soixante et dix semaines de Daniel.

Les Juifs obtinrent des rescrits favorables des successeurs de Cyrus, non-seulement pour rebâtir le temple , mais encore pour relever les murs de Jérusalem. C'est de cette époque que l'on commence à compter les soixante et dix semaines d'années que le Prophète Daniel (2) avait prédit devoir s'écouler jusqu'au Messie ; ajoutant qu'il serait mis à mort au milieu de la dernière semaine , et qu'ensuite le peuple Juif serait rejeté, que la ville et le sanctuaire seraient détruits.

Pendant qu'on rebâtissait Jérusalem , Esdras , Docteur de la loi , et Néhémias , furent préposés pour gouverner le peuple , réformer les abus , et remettre en vigueur l'observation de la loi. Dans le même temps quelques Israélites des dix tribus qui étaient revenus à Samarie, souillaient le culte de Dieu par les superstitions qu'ils y mêlaient, et dès lors commença l'antipathie qu'il y eut toujours depuis entre les Juifs et les Samaritains.

Cependant Esdras revit et mit en ordre les livres de l'Écriture sainte, et les transcrivit en caractères chaldaïques qui étaient devenus en

(1) Agg. 2.
(2) Dan. 9.

usage chez les Juifs depuis qu'ils avaient demeuré à Babylone. Mais les Samaritains conservèrent toujours les livres de Moïse en caractères hébraïques comme ils avaient été écrits anciennement.

Dieu suscita encore en ce temps-là les Prophètes Zacharie et Malachie qui prédirent la vocation des Gentils à la connaissance de Dieu, et le second annonça particulièrement que le nom du Seigneur serait grand chez toutes les nations, et que depuis le lever du soleil jusqu'au coucher on lui sacrifierait en tous lieux, et qu'on offrirait une oblation très-pure.

Le Seigneur ayant éclairé ce peuple par tant d'oracles, non-seulement sur la venue du Messie, mais encore sur le temps où il devait venir, sur les caractères de sa prédication et les effets qu'elle devait avoir, mit fin au ministère des Prophètes. Les Juifs jouirent d'une longue paix sous les Rois de Perse successeurs de Cyrus. La tribu de Juda, à laquelle étaient unis une grande partie des Lévites, et la petite tribu de Benjamin, subsistait en corps de nation, et conservait toujours l'autorité royale.

Les Machabées.

L'empire des Perses ayant été transféré aux Grecs, les successeurs d'Alexandre firent éprouver aux Juifs de cruelles persécutions : ce fut surtout sous le règne d'Antiochus, surnommé l'Illustre, qu'ils eurent plus à souffrir de la tyrannie. En ce temps-là le saint vieillard Éléazar et les sept frères Machabées, d'un âge caractérible, donnèrent, avec leur généreuse

mère, les exemples d'une constance magna-
nime, en souffrant la mort de la manière la
plus héroïque au milieu des plus cruels tourmens, plutôt que de transgresser la loi de Dieu.
Alors le Seigneur suscita le zèle de Mathatias,
et la valeur invincible de Judas Machabée et
de ses frères, pour les opposer, comme un mur
d'airain, aux entreprises et aux fureurs de leurs
ennemis.

Après la mort de Juda et de Jonathas, les
Juifs élurent pour chef Simon leur frère, qui fut
en même temps Grand-Prêtre. Ce fut par lui
et par l'illustre famille qui prit de lui le nom
d'Asmonéens, que la royauté fut rétablie dans
Judas; et il la transmit à ses descendans.

Hérode, surnommé le Grand, Iduméen de
nation, soutenu de la faveur des Romains,
enleva le royaume aux Asmonéens, et fut déclaré Roi de Judée. Ainsi le sceptre de Judas
commença à passer en une main étrangère;
aussi les soixante et dix semaines prédites par
le Prophète Daniel approchaient de leur fin;
c'était le temps marqué pour la venue du Messie.
Les Juifs étaient si assurés que les oracles auraient leur entier accomplissement, qu'ils s'attendaient à le voir paraître dans peu, et regardaient son avénement comme très-prochain.
Nous en avons une preuve bien claire en ce
que, dès qu'il paraissait quelque homme extra-
ordinaire, ils commençaient à former des
conjectures et à examiner entr'eux si ce ne serait
pas le Messie (1), ce qui n'était jamais arrivé

(1) Luc. 3, v. 15.

dans les temps qui avaient précédé. On vit aussi paraître dans ce temps-là des imposteurs, qui, abusant de la croyance commune, cherchèrent à attirer les hommes à eux, en se faisant passer successivement, chacun l'un après l'autre, pour le Libérateur promis à la nation; chose que personne n'avait osé auparavant, parce que, comme les Juifs auraient bien connu que le temps déterminé par les Prophéties n'était pas encore venu, un imposteur n'aurait pu leur en faire accroire (1). La ferme persuasion où étaient alors les Juifs du prochain avénement du Messie, était si connue et si publique, que les Historiens profanes les plus renommés n'ont pas hésité d'en parler comme d'un fait certain et avéré (2).

Jésus-Christ. Sa naissance.

En ce temps donc qui avait été marqué par les oracles des Prophètes, où tout l'Univers était en paix sous l'empire d'Auguste : Hérode régnant en Judée, Jésus, fils de Dieu, et en même-temps fils d'Abraham et de David, naquit d'une Vierge sa mère à Bethléem de Juda. Ainsi descendu du ciel en terre, et fait Homme pour réconcilier le genre humain avec Dieu, il est venu appeler toutes les nations pour les ramener à la connaissance et au culte du Dieu d'Israël.

Il vécut à Nazareth, pauvre et dans l'obscurité, jusqu'à l'âge de trente ans. Alors saint

(1) Act. 5.
(2) Tac. hist. liv. 5.

Jean-Baptiste son précurseur , fit retentir le désert de sa voix pour préparer les voies au Christ envoyé de Dieu , et Jésus étant venu à lui, Jean, éclairé des lumières de l'Esprit-Saint , le montra au peuple qui était accouru en foule pour l'entendre.

Sa prédication. Preuve de sa mission. Ses Prophéties.

Aussitôt Jésus-Christ commença sa prédication en annonçant l'Évangile , c'est-à-dire , la nouvelle si heureuse , si avantageuse de l'avénement du règne de Dieu sur la terre.

Il prouva sa mission par les merveilles que , selon les prophéties , le Messie devait opérer en faveur des hommes , éclairant les aveugles , ressuscitant les morts , guérissant toutes sortes de malades , et annonçant l'Évangile aux pauvres.

Il annonça que le temps était venu auquel le culte de Dieu devait cesser dans le temple de Jérusalem et dans celui de Samarie , et qu'il se formerait de véritables adorateurs qui adoreraient le Père en esprit et en vérité (1).

Il prédit sa mort et sa résurrection (2) ; la ruine du Temple , dont il ne devait pas demeurer pierre sur pierre ; la désolation et la dispersion du peuple Juif qui devait arriver avant que fût passée la génération qui était (3) présente alors.

(1) Joan. 4.
(2) Matth. 16.
(3) Luc. 18, 19, 21.

Sa passion et sa mort. Sa résurrection.

Il souffrit par les mains des Juifs la passion la plus cruelle, et expira sur la croix, en priant pour ses bourreaux, et versant son sang pour l'expiation des péchés, et la rédemption des pécheurs.

Étant ressuscité, il apparut à ses Disciples, conversa avec eux, et se fit voir à plus de cinq cents personnes (1). Avant que de monter au Ciel, il leur ordonna d'attendre à Jérusalem la venue du Saint-Esprit, et de se répandre ensuite dans tout le monde, enseignant toutes les nations, et les baptisant au nom du Père, et du Fils, et du Saint-Esprit, en leur apprenant à observer toutes les choses qu'il leur avait prescrites ; et il promit qu'il serait avec eux jusqu'à la consommation des siècles (2).

Ayant fait de cette manière à ses Disciples l'étonnant commandement de convertir le monde, il les bénit, et monta au ciel en leur présence.

Retournés à Jérusalem, les Apôtres se réunirent dans une maison où, avec Marie, mère de Jésus, de saintes Femmes, et les autres Disciples, ils se mirent à prier tous ensemble sans se lasser de prier.

(1) 1. Cor. 15.
(2) Matth. 28.

Descente du Saint-Esprit. Prédication des Apôtres.

Le jour de la Pentecôte étant venu, le Saint-Esprit descendit et parut en forme de langues de feu dispersées qui se reposèrent sur chacun des disciples.

Embrasés de ce feu céleste, les Apôtres commencèrent à prêcher courageusement l'Évangile, d'abord dans la Judée et à Samarie, ensuite chez les Gentils ; et un petit nombre d'hommes grossiers, et sans expérience, sans étude des arts libéraux, sans extraction, sans pouvoir et sans crédit dans le monde, eurent le pouvoir de convertir à la foi de Jésus - Christ une multitude innombrable de personnes.

Églises fondées.

Ainsi les Apôtres fondèrent eux-mêmes un très-grand nombre d'Églises, c'est-à-dire d'assemblées de fidèles, sous la direction des Évêques et des Prêtres, consacrés par l'imposition des mains et le rit saint de l'ordination. L'Église de Jérusalem fut gouvernée par l'Apôtre saint Jacques, appelé le Mineur. L'Église d'Antioche, ville si renommée en orient, fut fondée par saint Pierre, et fut si considérable pour le nombre des fidèles, que c'est là qu'ils commencèrent à être appelés Chrétiens. L'Église d'Éphèse, et beaucoup d'autres dans l'Asie mineure, dans la Grèce, dans la Macédoine, en Crète et dans les autres îles, et dans diverses autres parties du monde, furent également fondées par les Apôtres.

Eglise de Rome.

Saint Pierre fonda l'Eglise de Rome, et la consacra par le martyre qu'il y souffrit en la compagnie de saint Paul, l'Apôtre des nations. Saint Pierre s'appelait d'abord Simon, et Jésus-Christ lui donna le nom de Pierre, en lui disant que sur cette pierre il bâtirait son Eglise, et que les portes de l'enfer, c'est-à-dire, les desseins et tous les efforts de l'enfer déchaîné, ne prévaudraient jamais contre elle ; qu'il lui donnerait les clefs du royaume des cieux, que tout ce qu'il lierait sur la terre serait lié dans le ciel, et que tout ce qu'il délierait serait délié (1). Il lui confia le soin de paître ses brebis et ses agneaux (2). Il lui recommanda d'affermir ses frères, lui assurant qu'il avait prié pour lui, afin que sa foi ne fût jamais défaillante (3).

Primauté du siége de Rome.

Ainsi saint Pierre fut le premier des Apôtres, comme il est toujours nommé par les Evangélistes, et le chef visible de l'Eglise, le Vicaire de Jésus-Christ en terre. Cette primauté de saint Pierre a été transmise à ses successeurs dans l'Eglise de Rome, qui a toujours été regardée comme la première et la mère des Eglises répandues dans tout le monde, et le centre de l'unité catholique, selon le témoignage qu'en rend entr'autres saint Irénée (4), Evêque de

(1) Matth. 16.
(2) Joan. 21.
(3) Luc. 22.
(4) Liv. 3.

Lyon, disciple de saint Polycarpe Evêque de Smyrne , qui a été instruit par l'Apôtre saint Jean.

Conséquemment, de toutes les Eglises que les Apôtres et leurs disciples fondaient successivement dans tout le monde , il se formait une seule Eglise universelle , réunie sous un chef visible, n'ayant toutes , comme le dit l'Apôtre saint Paul (1), qu'un Dieu, qu'une foi, qu'un baptême (2) : ainsi cette union était fondée sur l'unité du culte , sur la profession et la règle d'une même foi, et sur la participation aux mêmes Sacremens.

Les Juifs détruits.

Il existait encore quelques disciples de Jésus-Christ , lorsque l'esprit de sédition et de révolte qui s'empara des Juifs , attira sur eux la terrible vengeance dont Dieu avait résolu de punir leur endurcissement opiniâtre , et l'exécrable déicide dont ils s'étaient rendus coupables en mettant à mort l'oint du Seigneur. Les armées de leurs ennemis commencèrent à paraître dans la Terre-Sainte avec ces enseignes , qui étaient pour eux l'objet d'un culte idolâtre , et un objet (3) d'abomination pour les Juifs. C'était là le signal de leur désolation future que Jésus-Christ avait annoncé : c'est pourquoi les fidèles se rappelant l'avis de leur divin maître , sortirent tous de Jérusalem et se retirèrent à Pella , petite ville située dans les mon-

(1) Ephes. 5.
(2) 1. Cor. 1.
(3) Luc. 21.

tagnes qui séparèrent la Judée de l'Arabie.
Mais les Juifs persistèrent dans leur aveuglement. Peu d'années après un premier siége,
Tite, fils de Vespasien, vint assiéger une seconde fois Jérusalem, dans le temps que la
solennité de Pâques avait rassemblé un peuple
immense dans les murs de cette ville. Environ-
née de tranchées et resserrée de toutes parts, elle
eut à souffrir les plus affreuses calamités de la
fureur des factions, et d'une famine si horrible
que l'on vit les mères y manger leurs enfans.
Elle fut prise par les Romains, qui firent un
horrible carnage de ses misérables habitans.
Le Temple fut brûlé et détruit, une infinité de
Juifs tombèrent sous l'épée de l'ennemi victo-
rieux, les autres furent emmenés en esclavage
et dispersés parmi toutes les nations.

Cessation de l'ancien culte.

Alors cessèrent les sacrifices et le sacerdoce
judaïque pour n'être plus rétablis : et ils furent
abolis, conformément aux oracles des Prophètes, dans le temps que le règne du Dieu d'Israël
et de son Christ s'étendait de plus en plus dans
tout l'univers par la prédication de l'Evangile,
et que des Gentils de toutes les nations accou-
raient en foule se réunir à l'Eglise, et concou-
raient à former un nouveau peuple d'adorateurs en esprit et en vérité.

Les Juifs dispersés sont conservés par un miracle de la Providence.

Dieu, dont la Providence gouverne toutes

choses avec un souverain empire, avait ordonné que les Juifs fussent dispersés parmi toutes les nations : mais il ne voulait pas perdre entièrement un peuple qui comptait entre ses Patriarches Abraham, Isaac et Jacob. Il n'avait pas oublié l'alliance qu'il avait faite avec eux : c'est pourquoi (1) saint Paul enseigne à leur sujet, qu'une partie des Juifs est tombée dans l'aveuglement, afin que la multitude des nations entrât dans l'Église, et que les Juifs recueillissent de nouveau les fruits de la miséricorde de Dieu sur eux.

De là ce prodige constant, prodige unique et inouï, par lequel on voit, depuis dix-huit siècles, le peuple Juif subsister, répandu parmi toutes les nations de la terre sans se confondre avec elles, banni de son pays, sans royaume, sans sacrifice, sans Prêtre : toujours attaché à la loi de Moïse et jaloux de conserver les divines Écritures, dans lesquelles on voit si clairement prédite la venue du Messie, qui devait être suivie de leur dispersion, et la conversion des Gentils à la connaissance et au culte du Dieu d'Israël.

La dispersion des Juifs et la propagation du culte du Dieu d'Israël parmi les nations, sont deux signes de la venue du Messie qui avaient été prédits.

Il est certain que la dispersion permanente des Juifs, et le culte du vrai Dieu répandu

(1) Rom. 11.

dans toute la terre, sont deux événemens merveilleux et remarquables par eux-mêmes ; et si
l'on observe que ces deux événemens ont été
prédits (1) comme les conséquences et les sui-
tes que devait avoir la venue du Messie, l'aveuglement actuel des Juifs qui persistent à le re-
jeter serait incompréhensible, s'il n'avait été
prédit de même (2) ; en quoi ils fournissent eux-
mêmes une nouvelle preuve de la vérité qu'ils
ne veulent pas reconnaître.

Difficultés insurmontables aux hommes dans la prédication de l'Evangile.

Cette vérité paraîtra encore davantage, si l'on
considère les difficultés insurmontables, humainement parlant, qui s'opposaient à la propagation de l'évangile parmi les nations. Les Apôtres (3) et les disciples étaient des hommes de
basse condition, sans aucune prérogative dans
le monde qui pût leur y donner du crédit et de
l'autorité. Ils étaient Juifs, c'est-à-dire, d'une
nation méprisée et haïe des peuples les plus polis
et les plus distingués. Ils éprouvèrent dans leur
prédication les contradictions et les persécutions
atroces que Jésus-Christ leur avait prédites. Ils
furent calomniés, forcés de fuir de ville en ville,
traduits devant les tribunaux, fouettés cruelle-
ment, et enfin mis à mort. Le culte des faux
dieux était repandu partout : culte qui flat-
tait les sens, qui contentait la superstition sans

(1) Dan. 9, 26, 27.
(2) Rom. 11.
(3) 1, Cor. 1.

gêner les passions. Les Apôtres reprochaient ouvertement aux Gentils leur aveuglement ; ils annonçaient un seul Dieu, Créateur du ciel et de la terre, et disaient qu'il était le Dieu d'Israël ; en quoi ils le présentaient sous une idée contraire à celles de tous les autres peuples. Ils voulaient qu'on ne crût qu'en lui, et en Jésus-Christ son Fils unique, fait homme pour racheter le genre humain ; mort sur une croix et ressuscité, monté ensuite au ciel, d'où il viendra à la fin du monde pour juger tous les hommes, et rendre à chacun selon ses œuvres. Ils prêchaient que pour avoir part au salut et éviter la damnation éternelle, il fallait se convertir à Jésus-Christ, en faisant de dignes fruits de pénitence, renoncer au péché, et vivre persévéramment dans la piété, la justice et la tempérance.

C'est à une telle prédication que se convertit une multitude innombrable d'hommes, en changeant de vie et de mœurs, en renonçant courageusement aux pompes et aux délices du siècle, pour l'amour de Jésus-Christ et dans l'espérance de régner avec lui dans le ciel. L'innocence et la sainteté de vie des premiers Chrétiens, l'étendue immense de la charité qu'ils pratiquèrent, non-seulement entre eux, mais encore à l'égard des étrangers, sont attestées par les Écrivains les plus célèbres du paganisme (1).

(1) Julien, dans sa lettre au Pontife des Galates, propose aux Gentils cette charité et cette régularité des Chrétiens, comme des exemples à imiter.

Saint Justin, martyr, qui avait été d'abord philo-

La persécution.

Néanmoins la Religion chrétienne fut exposée au commencement à de grandes persécutions, qui durèrent pendant le cours de trois siècles. Quiconque faisait profession de la foi en Jésus-Christ s'exposait à perdre tout en ce monde, et la vie même dans les plus cruels tourmens. On compte un grand nombre de martyrs qui répandirent leur sang pour la cause de Dieu ; et cette effusion de sang dans laquelle le christianisme aurait dû être éteint, si c'eût été l'ouvrage des hommes, servit à attirer en plus grande abondance les grâces de Dieu sur son Église, et à multiplier le nombre des Chrétiens.

Don des miracles. Certitude du témoignage que les Apôtres rendaient à la résurrection de Jésus-Christ.

Ce qui y contribua encore ce fut le don des miracles, qui fut plus commun et plus fréquent dans ces commencemens, où il était aussi bien plus nécessaire pour prouver la mission divine des premiers hérauts de l'Évangile. Ils attestaient qu'ils avaient vu Jésus-Christ ressuscité, qu'il avait conversé avec lui, et qu'ils en avaient reçu l'ordre de prêcher en son nom la rémission des péchés à toutes les na-

sophe païen, assure que l'innocence et la sainte vie des Chrétiens les distinguait si fort du commun des païens, que c'était un des motifs qui avaient le plus contribué à sa conversion. On peut voir encore la lettre de Pline à Trajan. *L.* 10, *cp.* 97.

tions. Ils rendaient témoignage d'une chose qu'ils avaient vue (1), d'un fait visible et palpable de sa nature, et sur lequel ils ne pouvaient se tromper ; leur témoignage à tous fut toujours constant et uniforme, chacun déposant ce qu'il avait vu, et tous ayant vu la même chose.

La certitude de la vérité qu'ils attestaient était la seule raison qui pouvait les engager à la publier, puisqu'ils n'en retiraient aucun avantage en ce monde, mais seulement des persécutions et des souffrances, auxquelles certainement ils ne se seraient pas exposés jusqu'à se livrer eux-mêmes, s'ils n'avaient été assurés de la puissance de celui qu'ils avaient vu ressuscité, et dont ils exécutaient les ordres. Ils confirmèrent cette même vérité par des miracles si éclatans, que les païens mêmes n'ont pu les nier ; et enfin ils ont eu le courage de les sceller de leur sang. D'où l'on peut affirmer avec vérité, que jamais aucune chose de fait n'a été prouvée à aucun tribunal avec tant de certitude, si l'on excepte l'inspiration des livres saints, que celle qui résulte du témoignage des Apôtres et des premiers disciples relativement à la résurrection de Jésus-Christ, miracle de l'ordre le plus éminent, qui fait la base et le fondement de la Religion chrétienne. On peut rappeler ici ce qu'a dit à ce sujet un Père de l'Église avec tant de vérité : Ou la conversion du monde aurait été opérée par la vertu des miracles, et alors cette conversion est l'œuvre

____
(1) Act. 2. 3. 4.

de Dieu ; ou c'est sans les secours des miracles, qu'elle a été opérée, et alors elle est elle-même en ce sens un très-grand miracle.

En vain opposerait-on ici qu'il s'est trouvé des hommes qui ont mieux aimé sacrifier leur vie que de rien changer à leurs fausses opinions, à leurs sentimens, quoique évidemment mauvais. Il est vrai, l'homme naturellement attaché à sa façon de penser, peut se porter à un tel excès d'orgueil et d'amour propre que d'aimer mieux renoncer à la vie plutôt que d'abandonner son sentiment, son idée ; mais les Apôtres n'étaient point dans ce cas-là en rendant témoignage à la résurrection de Jésus-Christ.

Il n'était pas question d'une opinion, mais d'un fait : Jésus-Christ leur assura qu'il mourrait sur une croix, comme il mourut en effet, et qu'ensuite il se montrerait à eux. Si donc Jésus-Christ, après sa mort, ne s'était pas montré à eux, et qu'ils n'eussent pas conversé avec lui, ils n'auraient pu douter qu'ils n'en eussent été trompés, et qu'ils en auraient inutilement attendu l'assistance qu'il leur avait promise en cette vie pour convertir le monde, et la souveraine félicité dans le ciel pour récompense des souffrances qu'il leur avait prédites. Que l'on examine bien si en pareille circonstance il peut y avoir un homme assez différent des autres hommes, pour vouloir s'engager, ennemi de lui-même, à soutenir aux dépens de sa propre vie un imposteur qui l'aurait trompé de cette manière, et s'envelopper évidemment et de son plein gré dans les mêmes disgrâces, les mêmes peines, sans espérance de salut et d'aucune récompense : et si on ne peut l'imaginer d'un seul, qu'aura-t-on à dire de plusieurs et d'un grand nombre ? Où trouvera-t-on dans toute l'histoire du genre humain un seul exemple d'une conspiration si étrange ? Or, les Apôtres affirment tous d'un commun accord qu'ils ont reçu ordre de Jésus-Christ, après sa résurrection, de prêcher son Evangile chez toutes les nations, et pour soutenir le témoignage qu'ils y ont rendu, ils n'ont pas hésité de s'exposer à toute sorte de travaux, de peines et de tourmens.

Une unanimité si constante forme une preuve invincible de la conviction où ils étaient, et, par une conséquence nécessaire, de la vérité du fait qu'ils attestaient ; puisque s'ils n'eussent pas vu en effet Jésus-Christ ressuscité et qu'ils n'en eussent pas reçu l'ordre de l'annoncer à toute la terre, il n'était pas possible qu'ils eussent été tous unis de concert et disposés à affronter tant de périls, de disgrâces, et la mort même, pour établir et étendre le culte d'un homme qui les aurait trompés si indignement. De plus, ces hommes n'assuraient pas seulement qu'ils avaient reçu de Jésus-Christ l'ordre de prêcher son nom à toutes les nations, mais ils disaient ouvertement, dès le commencement de leur prédication, qu'on aurait beau les persécuter, les maltraiter et les mettre à mort, que malgré tout cela le commandement de Jésus-Christ serait exécuté ; que le règne de l'évangile s'étendrait chez toutes les nations par la vertu toute-puissante du nom de Jésus-Christ, sans le secours d'aucune faveur, d'aucune puissance des hommes ; qu'on élèverait partout, sur les ruines de l'idolâtrie, des autels au Dieu d'Israël et à son fils unique, qui s'est fait homme, et qui est mort sur une croix ; et que cette Religion divine, protégée de l'assistance du Saint-Esprit, serait stable et permanente jusqu'à la consommation des siècles.

Enfin quiconque voudra faire une attention sérieuse sur les caractères du témoignage des Apôtres, sur l'unanimité et la constance qui l'accompagnaient, sur les effets qui s'ensuivirent par rapport à eux et par rapport au monde, effets toujours parfaitement répondans à ce qu'ils annonçaient, se convaincra encore plus de tout ce qui vient d'être dit : outre qu'il n'y a aucune chose de fait, excepté l'inspiration des Livres Saints, qui ait jamais été prouvée avec autant de certitude à aucun tribunal, que ce qui résulte du témoignage des Apôtres et des Disciples, relativement à la résurrection de Jésus-Christ.

Malgré la rigueur et la fureur des persécutions que les Chrétiens éprouvèrent, ils conservaient constamment leur ame dans une paix et une douceur que les tribulations n'altéraient point, non plus que leur charité pour leurs persécuteurs mêmes. Ils ne manquaient jamais à la fidélité et à l'obéissance dues aux Empereurs et aux Magistrats ; ils servaient dans les armées, et l'on trouvait en eux des soldats pleins de courage ; ils payaient exactement les tributs, et ne croyaient pas qu'il leur fût permis de les frauder ; ils priaient pour les Empereurs et pour toutes les personnes constituées en dignité et revêtues d'autorité, les considérant comme les Ministres de Dieu, instruits qu'ils étaient par Jésus-Christ et par ses Apôtres (1).

Ce fut au milieu de la longue et furieuse tempête de la persécution, que la Religion chrétienne se communiqua de lieu en lieu sans s'arrêter, et passa de beaucoup la vaste étendue de l'empire Romain : Dieu voulant faire voir qu'il n'avait pas besoin du secours des hommes pour l'établir et la défendre contre les ressorts de tout l'enfer conjuré pour la détruire (2).

(1) Rom. 13.

(2) Pline assure, dans la lettre que j'ai citée, que la Religion chrétienne était déjà répandue, non-seulement dans les Villes, mais encore dans les Bourgs et dans les Campagnes, qu'elle était professée par des personnes de tout âge, de tout sexe, et de toute condition. Que de son temps on avait vu les temples des Dieux abandonnés, leurs solennités délaissées, et qu'il ne se trouvait plus personne qui achetât des victimes. Il ajoute, que par ses soins le culte des dieux commençait à reprendre vigueur, que ce qu'il appelle la superstition des Chrétiens serait bientôt dissipée, et qu'il y avait lieu d'espérer qu'ils reviendraient bientôt à leur première Religion. La prédiction politique de Pline, n'étant appuyée que sur les règles de la prudence humaine, a été démentie par le fait, au lieu que les prédictions de Jésus-Christ et des Apôtres sur la perpétuité du christianisme se sont de plus en plus confirmées au milieu des révolutions des choses humaines, parce qu'appuyées sur l'immutabilité des décrets divins, elles sont supérieures au cours ordinaire des événemens et à toutes les règles de la prudence humaine.

La paix donnée à l'Eglise. L'hérésie Arienne.

La persécution ayant duré trois cents ans, Dieu voulut donner la paix à son Eglise par la conversion de Constantin le Grand à la foi chrétienne. Mais la tranquillité ne fut pas longue ; on vit bientôt s'élever la malheureuse hérésie d'Arius qui niait la divinité du Verbe, seconde personne de la Sainte Trinité, qui s'est incarné pour nous ; c'était une nouveauté d'autant plus horrible, que l'on sait par les païens mêmes, que l'apôtre saint Jean avait enseigné la divinité de Jésus-Christ, et que les premiers fidèles chantaient des hymnes à l'honneur de Jésus-Christ comme Dieu.

La paix qu'avait donnée Constantin fit que l'on eut la liberté d'asssembler le premier Concile général de Nicée, où la nouveauté Arienne fut rejetée publiquement avec exécration, et la foi catholique maintenue et authentiquement confirmée.

Constance, fils et successeur de Constantin le Grand, favorisa ouvertement les Ariens, et l'hérésie fit de grands progrès : mais malgré la faveur et tout le secours de la puissance humaine, elle tomba et périt à la fin, comme il arrive à tous les ouvrages des hommes, au lieu que la foi catholique demeura invariablement dans l'Eglise et s'y maintint sans altération.

Entreprise de Julien. Protection visible de Dieu sur son Eglise.

Julien, surnommé l'Apostat, succéda à

Constance. Cet Empereur emporté par une certaine légèreté qui lui était naturelle, et par son caractère extrêmement vain, renonça à la Religion chrétienne, dans laquelle il avait été élevé, pour suivre le culte et les superstitions du paganisme. Il devint un cruel ennemi du christianisme, et il n'est pas de moyens qu'il ne mît en œuvre pour le détruire, employant entre autres ceux de la ruse et de l'artifice; il fit semblant d'être impartial pour toutes les différentes sectes de Chrétiens, et parut vouloir les permettre toutes également, dans la vue de les animer les uns contre les autres, et de les rendre réciproquement les instrumens de leur mutuelle destruction, et il ne manqua pas de prétextes et de raisons supposées pour répandre le sang des catholiques. Il savait que la destruction du temple de Jérusalem, la cessation du culte Judaïque et la dispersion des Juifs avaient été prédites comme des signes auxquels on devait reconnaître la venue du Messie. Tite et Adrien, après lui, avaient accompli l'oracle sans le savoir, en dispersant les Juifs après avoir détruit le temple. Julien pensa qu'il y avait un moyen de le faire trouver faux, et de confondre la confiance que les Chrétiens avaient dans les prophéties: c'était de rebâtir le temple, de rappeler les Juifs de toutes les parties de la terre, et de rétablir les sacrifices avec toutes les cérémonies de l'ancienne loi. En conséquence il invita les Juifs à cette entreprise, donna les ordres les plus pressans à ses Gouverneurs de les favoriser, et d'employer toute la puissance

de l'Empire pour les aider par tous les secours
et les ressources qu'ils pourraient leur fournir.
Il demanda à cet effet à son confident Alype, de
veiller avec le plus grand soin à l'exécution de
son dessein. Les Juifs triomphaient déjà, et mirent la main à l'œuvre avec une ardeur incroya-
ble. Il ne leur manquait rien de tout ce qu'il
fallait pour consommer promptement un ouvrage que l'Empereur ne désirait pas moins
qu'eux-mêmes de voir bientôt achevé. Mais
comme Alyppe poussait fortement les travaux,
des globes terribles de flammes sortant auprès
des fondemens par des élancemens fréquens,
rendirent le lieu inaccessible, ayant brûlé plusieurs fois les ouvriers qui s'y rencontrèrent.
Ainsi cet élément s'obstinant à les repousser,
on fut obligé d'abandonner l'entreprise (1).

On ne voit pas dans aucune histoire profane
de fait plus certain et plus avéré que celui-là.
Il est attesté par Ammien Marcellin, écrivain
païen, homme judicieux, et qui était con-
temporain ; par saint Grégoire de Nazianze,
dans un discours composé la même année con-

(1) *Ambitiosum quondam apud Hierosolymam templum,
quod post multa et internecina certamina, obsidente Ves-
pasiano, posteaque Tito, ægre est expugnatum, instau-
rare cogitabat sumptibus immodicis : negotiumque matu-
randum Alypio dederat Athenensi, qui olim Britannias
curarerat pro præfectis. Cum itaque rei fortiter instaret
Alypius, juvaretque Provinciæ rector, metuendi globi
flammarum prope fundamenta crebris assultibus erum-
pentes fecere locum, exustis aliquoties operantibus, inac-
cessum : hocque modo elemento obstinatius repellente,
cessavit inceptum. Ammian. lib. 23. c. 1.*

tre Julien ; par saint Jean-Chrysostôme, dans un discours qu'il prononça devant tout le peuple d'Antioche ; par saint Ambroise, qui en parle comme d'un fait notoire dans une lettre à l'empereur Théodose. Julien même, parlant des ruines du temple de Jérusalem, convient qu'il avait voulu le rebâtir. Les Juifs qui ont écrit peu de temps après, font mention de cette entreprise, et attribuent à leurs péchés le malheureux succès qu'elle eut par rapport à eux.

REFLEXIONS

SUR L'ORDRE ET LA CONNEXION DES ÉVÉNEMENS QUI VIENNENT D'ÊTRE RAPPORTÉS.

Preuve de la Divinité du christianisme qui résulte de faits notoires et incontestables.

Vous pouvez remarquer, mon fils, dans cette suite d'événemens que je viens de vous présenter, l'ordre qu'a observé la divine Providence pour maintenir sa Religion toujours ferme et inébranlable au milieu des révolutions et des bouleversemens qui ont changé tant de fois la face du monde, en l'exemptant de la loi commune à toutes les choses humaines, assujetties par leur nature aux vicissitudes du temps, qui altère et consume tout.

Il faut maintenant, en revenant sur ce que nous avons dit, fixer un peu vos regards sur un petit nombre de faits des plus notoires et universellement reconnus comme très-certains ; et vous verrez qu'il en résulte une preuve non-moins lumineuse, que simple, d'une puissance divine et souverainement efficace dans l'établissement et les progrès de la Religion chrétienne.

Il est certain que, dix-huit cents ans avant nous, Jésus-Christ, auteur de cette Religion sainte, est né, a vécu, et est mort en Judée, pays de très-peu d'étendue, et méprisé de presque toutes les nations.

Il est certain, que, en ce temps-là, le reste du monde était enveloppé dans les superstitions de l'idolâtrie, et que le Dieu d'Israël, inconnu alors aux nations, n'était adoré en aucun lieu.

Il est certain, que, dans ce même-temps, les Juifs avaient un corps d'écritures très-anciennes, et qu'ils regardaient eux-mêmes comme divines, dans lesquelles était prédite la venue du Messie, qui devait naître en Judée, et par l'opération duquel le Dieu d'Israël devait être connu et adoré par toute la terre. Il est encore très-certain que telle était la croyance des Juifs; et que, pleins de confiance dans leurs écritures, ils attendaient le Messie vers ce temps-là (1).

(1) L'accomplissement de ces deux faits si éclatans, si lumineux, et qui avaient été prédits si clairement, suffit pour démontrer la divinité et l'authenticité des écritures, sans parler d'autres preuves particulières que l'on pourrait en tirer, et que j'omets pour être plus court. Mon assertion est conforme à ce que dit saint Augustin au douzième livre de la Cité de Dieu : « que le témoignage de l'écriture sainte s'est acquis « avec raison une merveilleuse autorité dans toute la

Jésus est venu , et a déclaré qu'il était le Messie promis dans les écritures (1).

Pour démontrer qu'il l'était, indépendamment des autres preuves qu'il pouvait en donner , il fallait qu'ayant vécu dans la pauvreté , et étant mort sur une croix, ce fut par lui, par son opération, que le culte du Dieu d'Israël se répandit chez toutes les nations.

Il l'avait promis, il l'exécuta ; et remarquez de quelle manière : il choisit quelques Disciples dans le plus bas peuple, et leur ordonna d'aller prêcher l'évangile dans tout le monde (2) , leur annonçant qu'ils avaient à vaincre l'opposition des nations à le reconnaître pour seul Dieu , le Dieu des Juifs, leur prédisant des persécutions ; et il leur promit du secours et la victoire.

L'ordre donné s'exécute aussitôt. Les Apôtres annoncent partout l'évangile , et partout en très-peu de temps forment des Eglises entières d'adorateurs du Dieu d'Israël et de son fils Jésus mort sur une croix.

Imaginez-vous, mon fils, douze hommes du peuple qui dans ce temps-ci entreprendraient, sans étude , sans secours humain, d'introduire un nouveau culte dans tous les pays du monde , en proposant d'adorer comme Dieu un homme mort sur un gibet. Il est très-certain que l'on

* terre et parmi toutes les nations, puisque, entre autres
* prédictions qui portent un caractere de divinité, elle
* a annoncé aussi la foi de toutes les nations. *
(1) *Joan.* 4. 26.
(2) *Matth.* 28. 18.

serait fort autorisé à regarder une telle entreprise comme vaine, folle et impossible.

L'entreprise des Apôtres n'était pas plus facile. Le monde alors n'était ni moins délié, ni plus dupe qu'à présent. Il régnait dans toutes les provinces de l'empire Romain un luxe d'une recherche, d'une délicatesse, et d'une magnificence extrême en jeux, en spectacles, en festins, et en toutes sortes de délices et de voluptés, qui était généralement accompagné d'une dissolution effrénée, d'un déréglement de mœurs excessif. La littérature était très-cultivée et les écoles des philosophes étaient très-fréquentées, et la philosophie qui était la plus à la mode était celle qui était la plus opposée aux dogmes et à la morale du christianisme. Néanmoins douze misérables pêcheurs, mettant toute leur confiance dans le commandement et l'assistance invisible de leur maître, exécutent une entreprise qui était alors d'une exécution aussi impossible humainement, qu'elle le serait à présent pour douze pêcheurs qui tenteraient d'opérer dans le monde une semblable révolution.

Après la venue du Messie, le sacrifice ancien devait cesser, la nation Juive devait être dispersée, et le temple détruit de fond en comble. Jésus-Christ avait prédit que tout cela s'accomplirait avant que fût passée la génération qui était alors présente. Certainement les Apôtres n'avaient ni le pouvoir ni la force d'abattre le temple de Jérusalem, et d'exterminer les Juifs. Les Romains viennent avant que la génération soit passée, ils assiégent Jérusalem, comme Jésus-Christ l'avait dit, ruinent le temple, et dispersent les Juifs.

Il ne devait pas rester pierre sur pierre de ce temple, Jésus l'avait dit. Un Empereur tente de le rebâtir, et il ne peut réussir à une entreprise qui était si facile à un Empereur, et qu'il désirait si ardemment pour démentir l'oracle.

Un peu de réflexion, mon fils, sur ces événemens. La conversion des Gentils amenés à reconnaître le Dieu des Juifs par l'entremise de quelques misérables pêcheurs, était une œuvre humainement impossible. Jésus - Christ l'ordonne, il assure qu'elle se fera, et elle se fait. Jésus-Christ prédit la dispersion des Juifs, et les Juifs sont dispersés. Il prédit qu'il ne restera pas pierre sur pierre du temple de Jérusalem, et le temple est détruit. Un Empereur tente de le rebâtir, et des globes de feu qui s'élancent des fondemens, rendent son entreprise inutile.

Les écritures que possédaient les Juifs avant la naissance de Jésus-Christ, comme en fait foi leur conservation parmi eux jusqu'à présent, annonçaient que tels devaient être les caractères du Messie, et ces caractères sont réunis en Jésus-Christ, et ne le sont qu'en lui : c'est par lui et en lui que se sont accomplies les prophéties ; et pour les accomplir, il a opéré par la force de sa parole des choses humainement impossibles. Pourrait-on désirer une preuve plus convaincante pour démontrer qu'il est véritablement le Messie promis dans les livres saints des Juifs , comme celui en qui toutes les nations devaient être bénies , c'est-à-dire, appelées à la connaissance et au culte du Dieu d'Israël, dont la majesté devait par lui remplir toute la terre. L'immuable efficacité de la parole de Jésus-Christ s'étant manifestée et démontrée, pour ainsi dire, elle-même par une preuve de fait si frappante et si lumineuse sous le règne de Julien, on ne peut douter que la Religion chrétienne , qui se trouvait de son temps avoir fait tant de progrès par le ministère des Apôtres et de leurs successeurs, n'eût conservé tous les caractères d'une œuvre de Dieu ; œuvre qu'il a voulue , qu'il a ordonnée , qu'il a faite lui-même, et qu'il a soutenue , conservée et protégée par une opération spéciale et manifeste de sa Providence.

La Religion chrétienne existante dans l'Eglise a été fondée par Jésus-Christ , et étendue par les Apôtres et leurs successeurs jusqu'à nos jours.

Cette Religion toute divine subsistait dans la sainte Eglise Catholique au temps de Julien, telle que Jésus-Christ l'avait fondée , et que le ministère des Apôtres l'a étendue jusqu'à notre temps. Elle n'était pas dans la secte des Ariens, et ne s'est jamais trouvée dans aucune autre semblable qui ait été introduite de nouveau ; leurs noms mêmes désignent les auteurs de leur nouveauté, et du parti qui les a accréditées, et après avoir éprouvé divers changemens elles ont finalement disparu.

Or je dis que cette Eglise , connue partout sous le nom de Catholique , fondée par Jésus-

Christ, et soutenue par sa puissance jusqu'à l'événement des prodiges arrivés sous Julien, est la même qui depuis le temps de Julien s'est visiblement perpétuée jusqu'à nos jours en conservant sans aucune variation le même nom, la même doctrine, et tous les mêmes caractères.

Il est de toute notoriété que le nom est toujours le même, que cette durée successive et non interrompue du même nom marque la continuité de sa même existence, qu'aucune secte n'a jamais pu parvenir à se faire nommer catholique comme elle, et que tous les hommes se sont constamment accordés à donner ce nom à celle qui seule a toujours été reconnue pour être répandue dans toutes les parties du monde.

La doctrine est la même, elle a les mêmes symboles des Apôtres et de Nicée, les mêmes sacremens, le même sacrifice; le sacerdoce, toujours distingué de l'état des simples fidèles, est toujours le même dans sa succession par le moyen de la sainte Ordination qui a été pratiquée par les Apôtres, spécialement par saint Paul à l'égard de Timothée, par Timothée pour ceux qui sont venus après lui, et ainsi successivement. La dispensation des mystères, le ministère de l'enseignement, la puissance de remettre ou de retenir les péchés, l'autorité de décider les difficultés en manière de foi, la primauté du Pontife Romain, la distinction de la hiérarchie en différens ordres d'Évêques, de Prêtres, de Diacres, et des autres Ministres qui servent à l'autel : l'invocation des Saints, et pareillement l'honneur qu'on rend à leurs reliques et à leurs images réputées pieuses et utiles ; enfin la prière pour les morts ; tout cela était cru comme de foi au temps de Julien, et tout cela conserve de nos jours la même prérogative dans l'Eglise Catholique.

Les caractères essentiels à la Religion de Jésus-Christ sont permanens dans l'Eglise.

Les caractères sont les mêmes. L'Eglise est toujours comme elle était au commencement : Une, Sainte, Catholique et Apostolique.

L'Eglise de Jésus-Christ est Une.

L'Eglise de Jésus-Christ est Une, par l'unité de la doctrine , et par l'union de toutes les Eglises particulières avec le siége de Pierre. L'unité de la doctrine est un caractère essentiel à l'Eglise de Jésus-Christ, qui, en étant dépositaire, doit par conséquent être une et invariable , parce que la Doctrine de Jésus-Christ est une , et ne peut varier ; il l'a consignée à ses Apôtres, afin qu'eux et leurs successeurs la prêchassent par tout le monde jusqu'à la consommation des siècles. Au temps de Julien il plut à Dieu de montrer par un prodige des plus éclatans que , selon qu'il l'avait promis lui-même, les portes de l'enfer ne pourraient prévaloir contre son Eglise ; et en vertu de cette promesse le dépôt de la doctrine doit y demeurer inviolablement et sans y éprouver jamais d'altération. En effet, il n'est aucun des dogmes qui sont crus présentement, qui n'ait été connu au temps de Julien ; et il n'en est aucun de ceux qui ont été crus au temps de Julien, qui ne le soit encore à présent.

L'Eglise de Jésus-Christ est Catholique.

L'Eglise de Jésus-Christ est Catholique, c'est-à-dire, universelle et perpétuelle. Sous Julien, et long-temps avant lui, elle était répandue dans tout l'orient et tout l'occident, dans tout l'Empire Romain et au dehors, et encore aujourd'hui elle est répandue dans toutes les parties du monde. L'Eglise Catholique ne subsiste pas seulement dans les Etats et chez les peuples qui se font gloire à juste titre d'en faire profession, et de l'honorer par la pratique d'un culte public : elle existe aussi chez les infidèles, elle y acquiert et y engendre des enfans à Dieu. On trouve des Catholiques en Turquie, dans les Indes et dans les contrées de l'Amérique les plus éloignées, qui sont tous unis par le lien d'une même foi et par la participation aux mêmes Sacremens.

L'Eglise de Jésus-Christ est Apostolique.

l'Eglise est Apostolique, parce qu'elle est établie (1) sur le fondement des Apôtres (2); qu'elle est dépositaire, comme je l'ai dit, de la doctrine qui leur a été consignée; et que le Ministère Apostolique, relativement à la dispensation des mystères, s'est étendu dans

(1) Saint Jérôme en tire un moyen de distinguer la véritable Doctrine de celles qui sont fausses et erronées, et montre que l'on doit adhérer à l'Eglise, *qui, ayant été fondée par les Apôtres, a subsisté jusqu'à ce jour.*

(2) *Ephes.* 2.

l'Eglise par le moyen de l'ordination sacramentelle, en vertu de laquelle la succession des
Pasteurs s'est soutenue constamment sans interruption. Cette succession est démontrée avec
la plus grande évidence dans les Pontifes Romains. Saint Irénée en rend témoignage, jusqu'au Pape saint Eleuthère. Saint Augustin qui
vivait au cinquième siècle, entre autres motifs
qui le tenaient attaché inviolablement à l'Eglise,
se fondait particulièrement sur la succession
non-interrompue des souverains Pontifes depuis
saint Pierre, à qui Jésus-Christ donna la charge
de paître son troupeau. M. Bossuet, écrivant
dans le siècle dernier, a montré dans son Discours sur l'Histoire Universelle, combien il est
consolant pour les enfans de Dieu, et en même
temps combien a de vérité, de force, la preuve
qui en résulte, de voir que du Pape Innocent XI,
de sainte mémoire, qui remplissait alors le
premier siége de l'Eglise, en remontant de l'un
à l'autre, on parvient sans aucune interruption
jusqu'à saint Pierre, établi Prince des Apôtres
par Jésus-Christ même ; et reprenant de là les
Pontifes qui ont exercé le ministère sous l'ancienne loi, on arrive jusqu'à Aaron et à Moïse,
ensuite aux Patriarches, et enfin jusqu'au commencement du monde. Il s'ensuit que si l'esprit humain, sujet par lui-même à tant de légèreté, d'inconstance, a besoin d'être fixé par
une assurance solide, et gouverné par une
autorité infaillible dans les choses qui appar-
tiennent au salut, on ne peut pas en désirer de
plus forte ni de plus décisive que celle de

l'Eglise Catholique, qui réunit en elle l'autorité de tous les siècles passés, et les traditions du genre humain de l'antiquité la plus reculée jusqu'à sa première origine.

L'Eglise de Jésus-Christ est Sainte.

L'Eglise Catholique est Sainte : précieuse prérogative qui n'appartient qu'à elle seule, et qui, si on la pèse bien, suffit pour convaincre de sa divinité tout homme raisonnable et d'un jugement sain.

L'Eglise est Sainte, parce que son Chef, qui est Jésus-Christ, est Saint ; qu'il est le principe et la source de toute sainteté, et qu'il la dirige et la gouverne par l'assistance du Saint-Esprit.

Elle est Sainte, parce que sa Doctrine, dans le dogme et dans la morale, ne respire que la sainteté : tout, dans le dogme, a une relation avec la connaissance et le culte d'un seul Dieu, intime premier principe de toutes choses, qui pourvoit à tout, avec une sagesse et une bonté infinie, et qui est la dernière fin de l'homme et son souverain bonheur. Vérité essentielle à la Religion, et qui n'étant présentée et manifestée nulle part aussi expressément que dans la loi divine que renferme le Christianisme, et qu'il perfectionne, prouve que le caractère de la vraie Religion ne convient qu'à lui seul.

Tout dans les préceptes et dans la morale se rapporte à un amour de Dieu par-dessus toutes choses, et à un amour surbordonné et bien réglé des créatures. Tous les devoirs de l'homme par rapport à Dieu, au prochain, et à lui-

même, y sont présentés et enseignés sans mélange d'aucune erreur.

Or il faut remarquer que cette collection, ce
corps de toutes les vérités morales sans mélange d'erreur, est un ouvrage qui surpasse les
forces de la raison humaine, sujette à se tromper à tout moment, tantôt sur un objet, tantôt
sur un autre, comme le démontre si évidemment l'expérience de tous les siècles, où l'on
voit des milliers de systèmes de morale purement philosophique donnés par les Platoni-
ciens, les Stoïciens et les Péripatéticiens,
qui, tout en prescrivant d'excellentes règles sur
différens points, sont tombés relativement à
d'autres dans les erreurs les plus grossières.

Outre cela la morale présente les motifs les
plus relevés et les plus satisfaisans pour inspi-
rer l'amour de la vertu et l'horreur du vice.
Elle montre la récompense de la vertu en Dieu
même, qui est le principe et la source de la plus
grande félicité que l'homme puisse désirer,
chose essentielle, et qui manque à tous les systèmes de philosophie qui n'ont jamais trouvé
le moyen de concilier la vertu avec la félicité
que l'homme désire par-dessus tout, et qu'il
ne peut pas ne pas désirer.

L'Église est Sainte, parce qu'elle joint à la
sainteté de sa Doctrine une souveraine efficacité que lui donne la grâce du Saint-Esprit
pour convertir les âmes et les conduire à la
sanctification. Cette efficacité a paru merveil-
leusement au commencement de la conversion
des Gentils à la foi en Jésus-Christ, par l'inno-

cence où vivaient les premiers fidèles de tout
âge, de tout sexe, de toute condition, par leur
charité et leur constance au milieu des tourmens ; elle a paru dans le renouvellement
qu'elle a opéré dans le monde, en déracinant la
corruption des mœurs qui était répandue partout, et partout invétérée, quoique rien ne fût
plus contraire à la loi naturelle. Tels étaient les
sacrifices abominables, où des hommes étaient
les victimes que l'on immolait ; sacrifices prati-
qués chez les peuples les plus policés, comme
chez les plus barbares, et que le Christianisme
a abolis partout, autant chez les uns que chez
les autres. Tels étaient les spectacles cruels des
Gladiateurs, où l'inhumaine curiosité des hommes de tout état, des femmes même et des enfans, se repaissait, se récréait à voir couler le
sang humain.

Telle était encore la coutume d'ôter la vie aux
enfans, ou de les exposer au péril d'une mort
certaine, coutume autrefois universelle et que
la philosophie de Confucius n'a pas abolie dans
le vaste Empire de la Chine. La même efficacité parait aussi par l'esprit et le zèle de la charité porté jusqu'à l'héroïsme, qui s'est toujours
maintenu dans l'Eglise Catholique, et qui a
produit tant de saints Personnages remarquables par le sacrifice qu'ils ont fait constamment
des commodités de la vie dont ils pouvaient
jouir, par les disgrâces et les souffrances qu'ils
ont éprouvées, pour procurer le bien spirituel du
prochain, et même son bien temporel : il suffit
de se rappeler ce que fit saint Charles Borromée

dans la circonstance de la peste de Milan, pour donner des secours spirituels et temporels aux hommes même les plus misérables. Ce seul exemple est capable de convaincre qui que ce soit, que ces sortes de sacrifices, sans espérance de récompense de la part des hommes, sacrifices communs et ordinaires aux Saints dans l'Eglise Catholique, ne se retrouvent nulle part hors de cette Eglise.

L'Eglise Catholique est Sainte, parce qu'elle a seule pouvoir de remettre les péchés. Jésus-Christ a communiqué ce pouvoir à ses Apôtres, pour être transmis par eux à leurs successeurs. On a vu que cette succession du ministère apostolique auquel est attachée la puissance de remettre les péchés, s'est perpétuée par le même rit de l'ordination sacramentelle qu'ont pratiqué les Apôtres ; par conséquent elle n'a pu passer ou se communiquer aux sectes qui en sont séparées, chez lesquelles elle est interrompue. Or l'homme pécheur ne peut parvenir à la sainteté que par le bienfait de la rémission de ses péchés, et cette grâce ne peut être obtenue hors de l'Eglise (1) de la part de quiconque en rejette l'autorité, et ne veut pas se soumettre à un ministère institué pour cela par Jésus-Christ même.

(1) Ajoutez à cela qu'il n'y a que l'Eglise qui retienne le culte d'un véritable et légitime sacrifice ; qu'elle peut user utilement des Sacremens, par lesquels, comme par les instrumens efficaces de la grâce, Dieu communique la véritable sainteté ; en sorte que personne ne peut être vraiment saint, s'il n'est pas dans le sein de cette Eglise. *Catec. du Conc. de Tr.*

L'Eglise est Sainte , parce que Dieu se plaît à y manifester de temps en temps la sainteté de ses serviteurs par des dons et des grâces privilégiées , et par l'éclat des miracles ; et de ces miracles , un grand nombre sont si authentiquement avérés par des témoignages irréprochables , qu'il n'y a pas lieu d'en douter en aucune manière.

De tous ces caractères il en résulte un autre bien éclatant, en vertu duquel l'Eglise de Jésus-Christ est nommée , et est en effet visiblement cette Cité bâtie sur la montagne à laquelle devaient accourir toutes les nations de la terre : ainsi Dieu a voulu que son Eglise fût visible à toute la terre, et remarquable par des signes si clairs et si certains , que les hommes de tout état, savans et ignorans, pussent la reconnaître et la distinguer des Religions fausses qui conduisent à la perdition.

Le Catholique seul a droit d'être tranquille sur sa croyance. Tous les autres ont sujet de se défier de la Religion qu'ils professent , par leur Religion même.

Il se présente ici une réflexion à faire qui mérite la plus grande attention ; c'est que de l'ensemble de tous les caractères que j'ai détaillés, il résulte en faveur de l'Eglise Catholique, une preuve de crédibilité si forte et si convaincante, qu'aux yeux de tout Catholique, même médiocrement instruit, il n'y a pas de certitude aussi solidement établie dans les choses humaines les plus certaines et les plus indubitables. Il sait que la doctrine que lui enseigne son Pasteur, ne vient pas de lui-même ; que c'est la même Doctrine qui s'enseigne dans toutes les Eglises du monde, unies sous un Chef visible ; il sait que les Pasteurs de toutes ces Eglises l'ont eux-mêmes reçue de leurs prédécesseurs, et que ces Pasteurs ont succédé les uns aux autres de proche en proche jusqu'aux Apôtres : conséquemment, outre les autres signes caractéristiques dont j'ai parlé, le Catholique a pour lui l'autorité de toutes les Eglises de la catholicité, toutes ensemble sous un Chef visible réunies par une même Doctrine que les Apôtres leur ont transmise par une suite de Pasteurs qui n'a jamais été interrompue. Il n'est pas dans les affaires des hommes d'autorité plus forte ou égale à celle-là pour faire foi sur tout ce que l'on croit de plus certain et d'indubitable.

Au contraire, toutes les autres Religions, loin de réunir les caractères qui sont tous essentiels à la vraie Religion, ont en elles-mêmes un principe de destruction qui se présente au premier coup d'œil, et qui donne lieu aux plus pressans motifs d'en soupçonner la fausseté à tous ceux qui les professent, pour peu qu'ils veuillent y faire quelque réflexion.

DES FAUSSES RELIGIONS.

Ces Religions fausses sont l'Idolâtrie, le Mahométisme, le Judaïsme, l'Eglise Grecque appelée Schismatique, et les sectes d'Hérétiques anciennes et modernes.

De l'Idolâtrie.

Il ne fallait qu'une réflexion tout-à-fait sim-

ple pour se détromper des prestiges et des superstitions de l'idolâtrie. Au milieu des plus
épaisses ténèbres du paganisme, il s'était conservé un rayon de la lumière naturelle de la
raison qui montrait aux hommes, dans le Ciel,
un Maître, un Dominateur suprême, qui voit
tout, dispose tout avec un ordre plein de sagesse et de justice. Cette lumière de la raison
n'était pas tout-à-fait éteinte chez les Gentils,
on en trouve des preuves certaines dans leurs
Ecrivains. Or un des avantages de la vraie Religion est de ranimer et de fortifier cette lumière, en donnant à l'homme un moyen bien
supérieur, beaucoup plus sûr, et d'une bien
plus grande autorité de connaître Dieu, Créateur du ciel et de la terre; de connaître son
unité, son immensité, sa providence, sa sainteté, et toutes ses perfections infinies : au contraire, tout ce qu'enseignait l'idolâtrie tendait
manifestement à gâter et à corrompre cette
lumière primitive, en la défigurant de toutes les
plus étranges sortes de manières, et en profanant
le saint Nom de Dieu, jusqu'à représenter la
Divinité divisée et éparse dans les élémens,
dans les plantes, dans les bêtes, dans des simu-
lacres muets et inanimés ; dans des personnages fabuleux et remplis des vices les plus infa-
mes. Tels étaient les objets auxquels l'idolâtrie
adressait ses adorations, tandis que le vrai
Dieu, l'Etre souverainement parfait, l'Etre
immense, infini, le Saint des Saints n'avait
pas de culte public en aucun endroit de la terre,
si ce n'est dans la Judée. Cette opposition

manifeste entre la lumière naturelle de la raison, qui découvre et fait voir distinctement
une Providence sage, bienfaisante, rémunéra-
trice des bonnes œuvres, vengeresse des cri-
mes, et le culte rendu à toutes ces divinités
pleines de défauts, de vices, et si absurdes,
offrait une preuve des plus claires de la fausseté
de l'idolâtrie.

Les lois de l'humanité, de la justice et de
l'honnêteté étaient d'un grand poids chez les
Gentils, et ils n'ignoraient pas que la Religion
était nécessaire aux hommes pour les rendre
meilleurs, et les porter plus efficacement à la
vertu. Cette connaissance, fondée sur la lumière de la raison, suffisait pour montrer la
fausseté d'un culte qui prescrivait des sacrifices
ou des hommes égorgés étaient les victimes
qu'on immolait, des fêtes et des danses contrai-
res à l'honnêteté, et mille autres sortes de superstitions et d'infamies que ces mêmes Gentils
réprouvaient, et qu'ils se gardaient bien d'ad-
mettre dans l'usage et le commerce de la vie.

Aussi conséquemment s'est-il trouvé parmi
les Gentils des hommes sensés, qui ont aban-
donné la Religion du peuple, pour se former
une idée plus saine de la divinité, et pour suivre une morale plus exacte et plus sévère : au
lieu que personne n'a jamais quitté la Religion
que nous professons pour se rendre meilleur et
plus religieux, pour devenir plus juste, plus
tempérant, et honorer Dieu avec plus de piété
et de dévotion.

Il faut remarquer encore que, quoique l'ido-

lâtrie se soit étendue en certain temps par toute
la terre, elle ne faisait pas une seule et unique
Religion. Il y avait chez les peuples idolâtres
autant de Religions différentes qu'il y avait de
Provinces, de Villes ; toutes ayant leurs dieux
différens qui leur étaient propres, et des rits
particuliers propres à leur pays ; et l'on sait que
les superstitions des uns étaient odieuses à
d'autres qui n'étaient pas moins superstitieux
qu'eux. Au lieu que l'on voit par la prédication
de l'Evangile ce dont il n'y a pas d'exemple
dans l'histoire du monde : on voit, dis-je, se
former chez toutes les nations, quoique de gé-
nie, de caractères, de mœurs et de lois oppo-
sées, une parfaite unanimité de sentimens
pour ce qui concerne le culte du vrai Dieu,
Créateur du ciel et de la terre. La prédication
de l'Evangile rappelle les hommes à la connaissance et au culte du vrai Dieu, et l'on ne peut
nier que ce ne soit là un caractère de la vraie
Religion. La prédication de l'Evangile a rendu
le culte du vrai Dieu public et commun à tout
le peuple, chez toutes les nations, et le succès
si supérieur aux forces de la sagesse humaine,
est une preuve incontestable de la puissance
divine qui a rendu efficace la prédication de
l'Evangile.

Le Mahométisme.

Quoique le Mahométisme, que professent les
Turcs, les Persans, et d'autres peuples, s'é-
tende dans une grande partie de ce qui faisait
anciennement notre hémisphère, il ne présente

(52)

cependant rien de surnaturel, ni de surhumain dans son établissement et ses progrès ; au contraire, on trouve dans l'un et dans les autres les preuves distinctes de la fausseté la plus évidente.

Mahomet, natif de la Mecque, ville de l'Arabie Pétrée, se mit à y faire le rôle de prophète au commencement du septième siècle. l'Arabie était peuplée de Juifs, de Chrétiens de différentes sectes, et d'un grand nombre d'idolâtres qui n'étaient pas tout-à-fait privés de la connaissance d'un Être suprême. Le nom d'Abraham était parmi eux en grande vénération, et ils se faisaient gloire d'en être les descendans. Ils avaient retenu l'usage de la circoncision, les ablutions, et l'aversion de certains animaux qu'ils regardaient comme immondes. Le temple de la Mecque était très-renommé chez les Arabes; on y conservait une pierre noire qu'ils croyaient être tombée du ciel, et, par une pure superstition, on accourait de toutes les parties de l'Arabie pour honorer cette pierre. Les Arabes vivaient divisés en tribus, errans çà et là, sans demeure fixe. Ils étaient grossiers et ignorans, féroces par caractère et souverainement licencieux. Mahomet, qui était rusé et hardi jusqu'à l'impudence, s'étant instruit dans ses voyages des usages et des mœurs des autres peuples, conçut l'ambitieux dessein de faire une révolution dans sa patrie, de réunir les Arabes sous une même loi pour se former un empire, et, en acquérant chez les siens l'autorité souveraine, rendre son nom à jamais célèbre chez les autres.

Mahomet comprit qu'avec de l'imposture, il ne lui serait pas difficile de réussir chez un peuple aussi grossier et aussi ignorant qu'étaient les Arabes. Il usa d'artifice en formant un mélange de Religion accommodé au caractère et aux mœurs de ces peuples. Il disait que Dieu avait envoyé autrefois plusieurs prophètes pour instruire les hommes ; il nommait entr'autres Abraham et Moïse, pour lesquels les Juifs avaient de la vénération, et quelques-uns qui n'étaient connus que des Arabes ; qu'ensuite Dieu avait envoyé Jésus-Christ le plus grand de tous, qui était né par miracle, et qui était le Messie, le Verbe de Dieu. Il ajoutait que les Juifs et les Chrétiens ayant corrompu les Écritures, Dieu avait en dernier lieu envoyé Mahomet pour instruire les Arabes. Il enseigna que l'on devait adorer un seul Dieu, reconnaître Mahomet pour son Prophète, et croire un Paradis rempli de délices et de voluptés sensuelles. Il prescrivit des ablutions et des jeûnes, l'abstinence de certaines viandes, la prière à des temps marqués : permit la pluralité des femmes, et recommanda le pèlerinage de la Mecque, pour visiter ce temple pour lequel les Arabes avaient tant de vénération. Il feignit que Dieu se communiquait à lui par l'entremise de l'Ange Gabriel, et au moyen de ces artificieuses impostures, il réussit à se donner un certain nombre de Disciples. Il répondait à ceux qui lui demandaient des miracles pour prouver sa mission, qu'il était envoyé pour prêcher la parole de Dieu, et que Dieu avait déjà fait assez de miracles par Moïse et par Jésus-Christ. Dès qu'il se vit à la tête d'un parti un peu nombreux, à la place des miracles il employa la force et les armes, exhortant tous ceux qui le suivaient à mettre l'épée à la main pour sa Religion, promettant le Paradis à ceux qui mourraient en combattant pour elle, et proposant comme une œuvre souverainement méritoire de tuer les Infidèles. Il parvint de cette manière à subjuguer les Arabes qui étaient divisés en différentes tribus, et, par le moyen des Arabes, lui et ses successeurs portèrent leur loi les armes à la mains chez les autres nations.

On voit déjà clairement par ce que je viens de dire, que l'établissement et les progrès du Mahométisme ne présentent aucun caractère d'une œuvre surhumaine ; qu'il ne parait rien en cela que ne pût exécuter un homme rusé et entreprenant dans les circonstances où s'est trouvé Mahomet. Les Arabes étaient ignorans, féroces et dissolus, Mahomet promit un Paradis tout sensuel, et permit la pluralité des femmes. Il accommoda les rits de sa Religion aux traditions des peuples ; gagna, à force d'impostures, la confiance d'un certain nombre de Disciples arma ensuite contre ceux qui voulurent lui résister, et les soumit avec d'autant plus de facilité, qu'ils étaient divisés, et les ayant réunis sous ses étendards, il étendit sa Religion dans les autres pays par la terreur de ses armes. Ce n'est donc, comme on le voit, qu'une œuvre purement humaine. Mais la Religion chrétienne prescrivait une honnêteté de mœurs très-sévère;

r'il ses dogmes et ses maximes étaient entièrement
opposés aux traditions et aux opinions des
Gentils, et cependant elle gagna en très-peu de
temps un nombre innombrable de prosélytes
de toutes les nations policées et barbares, et
cela non par la force et avec tout ce que les
hommes peuvent employer de puissance , non
avec des troupes vaillantes et victorieuses, mais
par la pauvreté , la constance et la patience
dans les tourmens de quelques pauvres pêcheurs,
sans armes ni défense, qui la prêchaient. Ce
n'est pas là certainement une œuvre de la main
des hommes , pût que , humainement parlant,
il n'était pas possible que l'Évangile prêché par
quelques pêcheurs , résistât aux forces de tant
de Puissances conjurées pour l'anéantir.

Mais de plus, le Mahométisme présente des
preuves démonstratives d'une fausseté évidente.
1° Mahomet voulant montrer dans son Alcoran , qui est le livre de sa loi , un caractère de
vérité qui pût le rendre croyable et gagner
la confiance, dit : *Qu'il est la vérité, qui confirme
ce qui est contenu dans les Livres des Juifs.* Il
devait parler ainsi sans doute , dès qu'il se faisait gloire de vouloir rétablir l'ancienne Religion des Patriarches. Or il est très-évidemment
faux que l'Alcoran soit la vérité qui confirme
ce qui est dans les Livres des Juifs. Tout dans
les Livres des Juifs et dans la Religion des Patriarches se rapporte à un Messie qui devait
appeler toutes les nations à la connaissance du
Dieu d'Israël , et, ce Messie venu , le sacrifice
ancien devait cesser pour être remplacé par un

sacrifice nouveau ; sacrifice très-pur , qui devait être offert en tout lieu, au nom et en l'honneur du vrai Dieu, et il y avait plus de six siècles qu'on en voyait l'accomplissement par la prédication de l'Evangile. C'est donc l'Evangile, et non l'Alcoran, qui est la vérité, qui confirme ce qui est dit dans les Livres des Juifs.

2° L'Alcoran contient quantité d'erreurs manifestes et palpables : par exemple, en confondant Marie sœur d'Aaron , avec Marie mère de Jésus-Christ. C'est encore une erreur manifeste de dire que les Juifs et les Chrétiens avaient gâté les Ecritures ; comme si les Juifs avaient pu s'accorder autrefois avec les Samaritains pour corrompre le Pentateuque, et ensuite avec les Chrétiens pour altérer les Ecritures qui sont communes aux uns et aux autres.

3° L'Alcoran contient les erreurs les plus absurdes contre la morale et le culte de Dieu. Il permet un culte idolâtre et superstitieux que les Arabes étaient en usage de pratiquer dans les montagnes Arafa et Marva. Il excuse de péché le reniement de Dieu par la crainte de la mort ; il excuse pareillement la vengeance entre particuliers , pourvu qu'elle n'excède pas l'injure reçue. Il dit que Dieu ne punira pas les juremens proférés inconsidérement. Il permet entre les personnes mariées des choses qui blessent l'honnêteté, et attribue aux Maîtres un pouvoir infame sur les personnes du sexe qui sont leurs esclaves. Il promet que Dieu sera indulgent pour celles qui étant forcées par leurs Maîtres auront fait un gain honteux en y consentant , choses toutes conformes à l'idée basse et avilissante qu'il donne du Paradis où , selon lui , c'est l'excès des plaisirs sensuels, non la lumière pure de la vérité , non le parfait amour du bien , non la jouissance et la possession de Dieu , qui doivent faire la félicité de l'homme.

4° Mahomet confesse que Jésus est le Messie et le Verbe de Dieu : or Jésus-Christ a fondé une Eglise où la vérité devait être enseignée jusqu'à la consommation des siècles. Il s'ensuit que la confiance que les Mahométans font profession d'avoir en leur Prophète les conduit à lui refuser toute croyance, puisque, s'il a dit la vérité en assurant que Jésus est le Messie et le Verbe de Dieu , il a avancé une fausseté en soutenant que la vérité est altérée et corrompue dans cette Eglise à laquelle Jésus-Christ a promis son assistance jusqu'à la fin du monde : au contraire la Religion de Mahomet porte avec elle le principe de sa propre destruction.

Le Judaïsme.

Le Judaïsme fut une Religion divine dans son origine ; mais tout s'y rapportait au Messie promis , prédit et figuré en tant de manières dans l'ancien Testament. Nous avons vu que toutes ces prophéties ont eu leur accomplissement de la manière la plus claire en la personne de Jésus-Christ ; d'où il résulte une étroite obligation pour les Juifs d'aujourd'hui, en vertu de leurs propres oracles , d'en examiner la vérité ; et à ce sujet il est à propos de se rappeler sommairement deux choses : l'une que le Messie devait appeler toutes les nations à la connaissance du Dieu d'Israël ; l'autre, que l'avénement du Messie devait être suivi de la désolation des Juifs, et de la cessation totale du culte judaïque. Or après l'avénement de Jésus-Christ, la nation Juive fut dispersée, le temple détruit, et l'ancien sacrifice aboli. Les plus anciens Rabbins, cités par M. Bossuet, ont reconnu que la cessation de l'autorité suprême, arrivée au temps où vivait Jésus-Christ, était un signe très-certain de l'avénement du Messie. Par conséquent la loi même de Moïse et les divines Écritures que les Juifs d'aujourd'hui ont en vénération, leur offrent des preuves assez certaines pour leur donner lieu de revenir de leur endurcissement opiniâtre, et de l'aveuglement dans lequel ils persistaient.

L'Église Grecque Schismatique.

Venons maintenant aux Grecs schismatiques : il est certain qu'au quatrième siècle, lorsque sous l'Empereur Julien la Religion Chrétienne fut justifiée, comme je l'ai dit, par le merveilleux témoignage de sa perpétuité qui fut rendu en sa faveur, les Orientaux étaient unis aux Latins par la profession d'une même foi ; ce ne fut qu'ensuite qu'arriva la séparation de l'Église Grecque de la Latine, dont l'entreprise de Michel Cérulaire fut la principale cause.

Il est aisé de reconnaître dans cette séparation le caractère du schisme et de l'erreur qui se trouve du côté des Grecs.

La perpétuité de la durée d'une seule Eglise Catholique et Apostolique est constatée par le symbole qu'ont retenu les mêmes Grecs, où est contenu la croyance à l'Eglise, (1) comme étant Une, Sainte, Catholique et Apostolique ; et comme le symbole ne peut errer en aucun temps, elle ne peut donc pas périr cette Eglise qui est Une, Sainte, Catholique et Apostolique, que l'on fait profession de croire dans le symbole.

Cette Eglise existait avant la séparation, et les Grecs en reconnaissaient l'autorité ; c'est un fait distinct.

Elle a donc dû se conserver depuis la séparation, ou chez les Latins ou chez les Grecs : or, quand les Grecs se séparèrent des Latins, l'Eglise Latine ne changea en aucune manière ; elle demeura, quant au dogme, à sa discipline et à ses rites, la même qu'elle était avant le schisme. Or les Grecs ne peuvent disconvenir qu'avant cette funeste séparation, la véritable Religion de Jésus-Christ existait dans l'Eglise Latine, puisqu'autrement elle ne se seroit pas trouvée dans l'Eglise Grecque qui était unie avec les Latins par la profession d'une même foi. Si l'Eglise Latine a été la vraie Eglise avant la séparation, il est évident qu'elle a continué et n'a pas cessé de l'être ; étant vrai que la séparation des Grecs n'y a apporté aucun changement.

Au contraire, il s'est fait de leur côté un chan-

____

(1) *In Unam, Sanctam, Catholicam et Apostolicam Ecclesiam.*

gement très-notable, en ce qu'ils ont renoncé à la Communion avec le siége de Pierre, que leurs Pères avaient toujours honoré comme la première de toutes les Eglises et comme le centre de l'unité Catholique. Les schismatiques modernes reconnaissent l'autorité des sept premiers Conciles généraux, et ne peuvent nier que la primauté du siége de Saint Pierre n'y ait été solennellement reconnue, et non-seulement dans le premier, mais encore dans les derniers et les plus voisins du schisme.

Ainsi les Grecs, en se séparant des Latins, se sont écartés de la voie que leurs Pères avaient suivie, que leur avaient tracée les Athanases, les Chrysostômes, qui honoraient toujours dans le siége de Rome la primauté de Saint Pierre. C'est donc chez eux qu'il y eut du changement, et on pourra toujours leur dire : Vos Pères, pendant le cours de neuf cents ans, ont cru la primauté de Pierre, et vous ne la croyez pas aujourd'hui ; et c'est par ce même changement qu'ils cessèrent d'appartenir à la véritable Eglise de Jésus-Christ qui doit être toujours une, et toujours la même par la même profession du symbole.

Ainsi cette Eglise schismatique a encore perdu le caractère de Catholique, exprimée dans le symbole, et qu'il est visible que les Latins ont retenu. Le schisme est restreint à quelques parties de l'Orient, encore y a-t-il plusieurs Eglises Grecques et Orientales qui persévèrent à être unies de Communion avec l'Eglise Latine, et concourent à former avec elle une seule et même Eglise répandue dans toute la terre.

Les Schismatiques modernes ont de la vénération pour les Saints Pères de la primitive Eglise, tant Grecque que Latine : or ces Saints ont reconnu unanimement la primauté du siége de Rome; donc il reste dans la doctrine des Schismatiques mêmes un principe qui les rappelle à l'unité et à la catholicité, dont leurs Pères ont fait constamment profession en conservant la subordination, selon l'ordre de la hiérarchie, au successeur du Prince des Apôtres.

Des Novateurs.

Ces raisonnemens peuvent être encore mieux employés à l'égard des Luthériens, des Calvinistes, des Zuingliens et de tant d'autres hérétiques et de sectaires sans fin.

Luther, Calvin, et les autres chefs des différentes sectes, ont innové dans la doctrine qu'ils avaient sucée avec le lait dans l'Eglise. Ils ont rejeté beaucoup d'articles de la doctrine chrétienne que l'Eglise enseignait universellement. Si ces articles eussent été des erreurs, comme ils le prétendent, l'assistance du Saint-Esprit aurait manqué à l'Eglise avant la consommation des siècles; le temps serait venu auquel les fidèles n'auraient pas dû en entendre la voix, ce qui est manifestement contre la promesse et le précepte de Jésus-Christ.

Luther, Calvin, Zuingle et les autres sectaires, ont varié continuellement dans leur doctrine, et cette manière de varier sans cesse a passé à leurs sectateurs , chose manifestement contraire à l'institution de l'Eglise de Jésus-Christ , où la vérité devait être permanente et inaltérable comme un dépôt qui lui était confié pour être invariablement (1) conservé ; et pour la conservation duquel l'assistance du S. Esprit lui avait été promise jusqu'à la fin du monde.

Ces Novateurs, en s'éloignant de l'enseignement de l'Eglise, sont tombés dans des erreurs palpables et manifestement injurieuses à la sainteté de Dieu. Ils ont dit que Dieu pousse au péché et qu'il le veut ; qu'il n'est pas moins auteur de la trahison de Judas que de la pénitence de saint Pierre ; que les œuvres qui sont bonnes de leur nature , de quelque manière qu'elles soient faites , sont des péchés devant Dieu en ceux qui ne sont pas régénérés ; et d'autres principes aussi horribles , par lesquels on peut juger de leur doctrine , comme on connait la nature d'une plante au fruit qu'elle produit.

En vain se rejettent-ils sur les abus qu'ils disent s'être introduits dans l'Eglise, ce n'est qu'un prétexte frivole. Jésus - Christ a prédit qu'il s'élèverait des scandales et des abus parmi les fidèles , et cependant il n'a pas laissé de recommander aux fidèles de demeurer unis à l'Eglise, supposant bien qu'il peut arriver que par un effet de la faiblesse humaine il y ait des abus qui soient tolérés par certains Pasteurs , mais non pas qu'il soit possible que l'Eglise, toujours soutenue par l'assistance du Saint-Esprit , erre jamais dans son enseignement , dans sa doctrine. Rejetant l'autorité de l'Eglise, ils veu-

____
(1) 2. *Tim.* 1, 12, 11, 11.

lent que tout se décide par le texte même des Ecritures ; puis ils laissent la liberté à chacun de concentrer l'Eglise en lui seul, en donnant à chacun le pouvoir d'interpréter les Ecritures selon son sentiment particulier.

On verra par les réflexions suivantes s'il y a de la raison dans un tel principe. Saint (1) Pierre dit clairement que l'Ecriture ne doit pas s'expliquer par une interprétation particulière ; et en parlant des Epitres de saint Paul, il observe qu'il s'y rencontre des endroits difficiles à entendre, que des hommes ignorans et légers détournent aussi bien que les autres Ecritures à de mauvais sens pour leur propre perte.

Il est démontré par l'exemple des Novateurs mêmes, que rien n'est plus faux que la règle de l'esprit particulier. Ils n'ont jamais pu s'accorder entr'eux sur le sens dans lequel on doit entendre les Ecritures, même sur les points de leur confession les plus essentiels, tels que sont ceux qui regardent le mystère de la Trinité, la divinité de Jésus – Christ, le Sacrement de l'Eucharistie, l'éternité des peines, etc. C'est pourquoi on peut dire qu'ils sont divisés en autant de sectes qu'il y a de têtes. Saint Paul pensant bien différemment (2), recommande l'unanimité de sentimens dans une même règle de foi, comme faisant un caractère propre à la profession du christianisme.

Introduire l'esprit particulier, c'est ôter absolument cette unanimité. Si un Législateur pour fonder un Etat, formait un corps de lois,

(1) 2. *Petr.* 20.
(2) 2. *Cor.* 1.

4.

et se contentait ensuite de les publier, laissant
à tout le monde, jusqu'au dernier homme du
peuple, à les entendre à sa façon et à son gré.
Il est visible que chacun tournerait la loi à son
avantage et à sa fantaisie, et qu'au lieu de
l'harmonie d'une bonne intelligence que vou-
drait établir le Législateur, on y verrait régner
la discorde et la confusion la plus horrible.

Tel est à la lettre le système que les Novateurs ont introduit dans la religion. Pour avoir
donné à chacun le droit d'interpréter chacun
les Ecritures à son gré, ils se sont divisés sur
tous les articles de la Religion, et l'on peut assurer nettement que s'ils voulaient s'assembler
aujourd'hui pour former une profession de foi,
il leur serait impossible de s'accorder pleine-
ment sur ce point-ci, que Jésus-Christ est le
Messie, point que Mahomet même a confessé
dans son Alcoran.

Il arrive de là qu'aucun des Novateurs ne
peut prendre confiance en aucune instruction
de ses Ministres, sa religion même l'oblige à
s'en défier, parce qu'ils ont pour maxime que
non-seulement un Ministre en particulier, mais
toute assemblée des Ministres et sujette à errer,
et que le chrétien seul est juge compétent du
sens dans lequel doit être entendue l'Ecriture.
C'est pourquoi, pour s'assurer de ce qui doit
faire l'objet de leur croyance, ils devraient
tous, jusqu'à ceux du plus bas peuple et aux
artisans, lire les Ecritures, non-seulement dans
les versions courantes, mais dans les textes
mêmes originaux. Il ne suffit pas pour lever
cette difficulté, de répondre que les articles

fondamentaux sont clairs pour tout le monde, d'autant qu'il est faux, en premier lieu, qu'ils aient jamais pu convenir tous parfaitement sur la manière de fixer ces articles ; et en second lieu, il ne faudrait pas moins malgré cela que chaque particulier, en vertu de leurs principes, examinât et discutât d'après une étude profonde de l'Ecriture quels sont ces articles fondamentaux, et s'il n'y en a pas plus ou moins que ceux qui ont fait tant de fois le sujet des disputes de leurs Docteurs.

Ainsi la Religion des Protestans renferme un principe interne de destruction : puisque tout homme qui y est élevé, doit par principe de religion douter de tout ce qui lui est enseigné, et qu'il est obligé, pour s'assurer de sa croyance : de faire un examen, impossible à la plus grande partie des hommes. La condition des fidèles dans les premiers temps de l'établissement de l'Eglise, fut bien différente, comme on le voit par le Concile de Jérusalem, dont la décision fut proposée avec autorité comme l'oracle du Saint-Esprit. En vertu de ce principe, le catholique n'a jamais lieu d'hésiter et d'avoir de l'inquiétude sur sa croyance, étant toujours assuré par l'autorité de l'Eglise, à qui l'assistance du même Esprit divin a été promise pour tous les siècles à venir.

Réflexions sûres contre les Novateurs en particulier.

Pour faire voir plus distinctement combien s'abusent ceux qui, en rejetant l'autorité de l'Eglise, recourent aux Ecritures pour juger par leurs propres lumières des disputes qui s'élèvent sur les matières de la foi, je vais exposer quelques principes, dont la vérité et la certitude ne peuvent être contestées par quiconque veut procéder avec droiture et sincérité.

Conséquemment, j'établis comme certaines et indubitables, les propositions suivantes :

Que l'Eglise de Jésus-Christ existait avant que fût écrit aucun Livre du Nouveau Testament.

Que les Apôtres choisis par Jésus-Christ, et les Pasteurs établis successivement par les Apôtres (1), exerçaient le ministère de la prédication et la dispensation des divins Mystères, et la puissance de remettre les péchés : que par conséquent dans les premiers temps, et avant que le Nouveau Testament fût écrit, c'était en vertu de la puissance et par l'autorité qu'ils tenaient de Jésus-Christ, qu'ils enseignaient, dispensaient les divins Mystères, et remettaient ou retenaient les péchés.

Que les Auteurs inspirés de Dieu, qui ont écrit successivement les Livres qui composent le Nouveau Testament, ne les ont pas écrits pour donner atteinte à la constitution primitive de l'Eglise fondée par Jésus-Christ, qu'ils n'ont ôté en aucune manière aux Pasteurs l'autorité de l'enseignement, et n'ont point dispensé les fidèles de l'obligation de les entendre : au contraire, même l'une et l'autre sont clairement énoncées et confirmées en plusieurs endroits de l'Ancien Testament. Outre cela, nous savons que ces Livres se lisaient publiquement dans les Eglises, les Pasteurs y présidant, et que la lecture qui s'en faisait au peuple était accom-

____
(1) *Act.* c. 16, 4, c. 20.

pagnée d'une instruction et de l'enseignement de ces mêmes Pasteurs qui en donnaient l'explication. On entend encore par-là, comme le disait saint Pierre, que l'interprétation de l'Ecriture ne doit pas se faire par la voie de l'esprit particulier; et comment les choses difficiles à entendre dans les Epîtres de saint Paul, que des hommes inconsidérés tournaient à leur perte en les interprétant à leur gré, faisaient dans l'Eglise le sujet d'une très - grande édification , étant annoncées et expliquées aux fidèles par l'enseignement et l'autorité des Pasteurs. Ce qui fait voir que, dès ces premiers temps, l'autorité nécessaire pour interpréter les Ecritures faisait partie de l'enseignement que Jésus-Christ avait attribué aux Pasteurs.

Il est donc évident que, quand les Livres du Nouveau Testament ont été écrits et adressés aux fidèles, on ne leur a pas dit : Prenez ces Livres , lisez-les, et entendez-les à votre gré ; mais, Recevez ces Livres que l'Eglise vous présente , et écoutez-la comme vous avez fait jusqu'à présent, afin de les entendre sainement pour votre instruction et votre avantage spirituel.

Il est certain que l'autorité du ministère que Jésus-Christ a donné à ses Apôtres a été transmise par eux, et communiquée aux autres Pasteurs , comme de saint Paul à Timothée et à Tite, par un rit de consécration , qu'on a appelé imposition des mains et ordination. Il est certain que ces Pasteurs étaient très-étroitement unis par le lien d'une même communion sous un premier Pasteur qui fut S. Pierre, selon qu'il est nommé très-distinctement dans l'Evangile.

Timothée et Tite , étant établis Pasteurs par l'imposition des mains, reçurent alors , et non auparavant , le pouvoir d'ordonner d'autres Pasteurs , comme on le voit par les règles mêmes que saint Paul leur prescrivit à ce sujet.

C'est pourquoi dans l'institution de la primitive Eglise , les assemblées des simples fidèles ne s'arrogèrent jamais l'autorité du ministère apostolique. Jésus-Christ la conféra aux Apôtres , les Apôtres la communiquèrent aux Ministres qu'ils établirent par le rit sacré de l'ordination, et ceux-ci aux autres successivement : ainsi se fit dès le commencement , et non autrement, la propagation du ministère apostolique, et tel il doit durer, en vertu de l'assistance promise par J.-C. jusqu'à la fin du monde.

Il s'ensuit clairement de là , que l'enseignement auquel est jointe la conservation du dépôt de la foi, et la dispensation des divins Mystères, sont des choses unies au ministère apostolique par l'état même constitutif de l'Eglise , pour y être conservées et perpétuées au moyen de la perpétuité du sacerdoce.

La perpétuité du sacerdoce avec le même rit , par lequel il fut communiqué dès le temps des Apôtres , est claire et constante dans l'Eglise Catholique jusqu'à notre temps, aussi bien que la perpétuité de l'union primitive de toutes les Eglises sous un Chef visible : donc, ce n'est que chez elle qu'ont pu se perpétuer, en vertu de sa première institution, l'autorité de l'enseignement , la conservation du dépôt de la foi, et la légitime dispensation des divins Mystères.

La continuation du sacerdoce s'est rompue

chez les Protestans, c'est pourquoi il n'est pas étonnant que la succession apostolique se soit perdue chez eux, et que le dépôt de la foi, qui est le lien de communion, ne s'y trouve plus, et que s'étant éloignés de l'Eglise, qui est la colonne de la vérité, ils se soient laissés emporter à tout vent de doctrine, comme il paraît par leurs changemens perpétuels et leurs variations sans fin dans leurs enseignemens et leurs principes.

Il faut conclure de là, que le pouvoir de remettre les péchés n'a pu leur demeurer non plus, puisqu'il a été attaché par Jésus-Christ même au ministère apostolique, qui n'a pu être perpétué qu'avec le rit pratiqué par les Apôtres.

C'est donc en vain que les Novateurs se flattent qu'en suivant la lettre de l'Evangile et en vivant honnêtement, ils ne seront pas réprouvés de Dieu ; l'Evangile même les réprouve hautement. Quelle que soit l'honnêteté dont ils se glorifient, ils ne diront pas certainement qu'ils sont sans péché, et qu'ils n'ont pas besoin que Dieu leur remette ceux dont ils se sont rendus coupables : qu'ils lisent donc l'Evangile, et ils verront que Dieu, par sa miséricorde infinie, a ouvert aux hommes la voie de la réconciliation par les mérites de Jésus-Christ son Fils, mais que Jésus-Christ a voulu attacher cette réconciliation à certaines conditions. La première est celle du Baptême, dont les Evêques et les Prélats sont les Ministres ordinaires ; ensuite celle de la Pénitence, en ayant attaché de la manière la plus expresse au ministère apostolique et sacerdotal le pouvoir de remettre et de retenir les péchés (1). Comment peuvent-ils donc se flatter d'obtenir la rémission de leurs péchés, rémission si nécessaire, par une autre voie que celle que Jésus-Christ a établie ?

Il est clair que Jésus-Christ a donné à ses Apôtres, pour leurs successeurs, le pouvoir de remettre les péchés. C'est donc être aveugle que d'espérer qu'on aura la rémission des siens, indépendamment et au mépris de la disposition

(1) *Cat. du Conc. de Tr.* J'observerai ici pour l'instruction de ceux qui pourront en avoir besoin, que, quoique l'administration du baptême appartienne seulement aux Évêques et aux Prêtres, comme propre à leur office, et extraordinairement aux Diacres ; cependant, en cas de nécessité, toute personne peut baptiser, soit homme ou femme, et même les hérétiques et les infidèles, de quelque espece qu'il soient, pourvu que l'on emploie la matière, la forme et l'intention nécessaire ; en observant cependant que pour cette administration un Ecclésiastique doit être préfére à un Laïque, un homme à une femme, et un fidéle, s'il en est capable, à un infidéle. Par conséquent le baptême donné par des infideles avec la matière, la forme et l'intention requises, est un vrai baptême, et ne peut se réiterer. Ainsi les enfans baptisés de cette manière chez les hérétiques deviennent membres de l'Eglise, et lui demeurent unis, à moins que, parvenus à faire usage de leur raison : ils ne s'en separent en adhérant volontairement aux erreurs qu'elle condamne. Lorsqu'on vient à perdre par quelque péché mortel la grâce reçue dans le baptême, on ne peut la recouvrer que par le moyen de la pénitence, jointe à la confession sacramentelle, ou au vœu de ce Sacrement ; et il n'y a que les Pasteurs et les Prêtres approuvés par l'Eglise qui puissent en être les Ministres, selon la parole de Jésus-Christ, en vertu de laquelle il voulut accorder à ses Apôtres et à leurs successeurs dans le ministère apostolique et sacerdotal, la puissance de remettre et de retenir les péchés, comme il a été dit ci-dessus.

qu'a faite Jésus-Christ, et qui se conserve dans l'Eglise Catholique.

De tout cela il est aisé de comprendre que Dieu nous fait une grande grace en nous faisant naître dans le sein de cette Eglise qui est Une, par la communion d'une même foi ; qui est Sainte, par la pureté et l'efficacité de sa doctrine ; qui est Catholique, parce qu'elle est repandue dans toutes les parties de la terre ; et qui s'étant étendue et reproduite sans cesse par une suite de Pasteurs qui n'a jamais été interrompue depuis le temps des Apôtres, se glorifie avec raison d'être nommée Apostolique. Enfin, avec la succession du Sacerdoce, le lien de la communion primitive s'y est maintenu inviolablement, par conséquent elle a conservé tous les caractères de sa primitive institution.

Elle nous met donc à l'abri de tout danger d'erreur, et nous devons y croire fermement, assurés par la promesse de Jésus-Christ et par l'immutabilité du dogme exprimé dans le symbole ; c'est dans son sein que nous pouvons et devons espérer la rémission de nos péchés par la puissance que lui a accordée Jésus-Christ même.

Si tous les saints Personnages qui florissaient au temps de Julien, ces hommes si vénérables par l'éclat de leur sagesse et de leur éminente sainteté ; un Hilaire, un Athanase, un Basile, un Grégoire de Nazianze, un Jean-Chrysostôme, un Cyrille de Jérusalem : si, dis-je, ils revenaient dans l'Eglise, malgré les révolutions de tant de siècles, ils y reconnaitraient bientôt la forme et la constitution de celle dans laquelle ils ont été élevés ; ils y retrouveraient le même dogme, les mêmes Sacremens, la hiérarchie composée d'Evêques, de Prêtres et de Ministres comme elle était ; les mêmes fonctions sacerdotales, l'auguste sacrifice de la Messe offert pour les vivans et pour les morts, la Communion avec le siége de Pierre, comme centre de l'unité catholique, et comme la Mère et la première de toutes les Eglises ; la vénération pour les Saints, pour leurs reliques et leurs images. C'est donc en elle et non dans les communions qui en sont séparées, qu'ils reconnaîtraient l'Eglise dans laquelle ils ont vécu.

Or la doctrine chrétienne que je dois vous enseigner, mon Fils, est la même que celle que ces saints Personnages enseignèrent autrefois à leurs peuples : et ils ne l'avaient pas inventée, mais ils l'avaient reçue de leurs prédécesseurs de main en main. La même promesse de Jésus-Christ qui la conserva jusqu'à saint Damase, qui vivait dans ce temps-là, l'a de même invariablement conservée sous les souverains Pontifes qui ont suivi et qui se sont succédés jusqu'à notre Saint Père le Pape à présent régnant. Dieu l'a conservée pour vous, pour le salut de votre ame rachetée du propre sang de Jésus-Christ son Fils à jamais béni, afin qu'instruit à marcher dans les voies du Seigneur, vous profitiez des principes et des maximes de sa Religion sainte, pour votre sanctification et votre salut éternel.

FIN.